中华经典导读

张子维 译注

大学中庸

应该这样读

南京大学出版社

图书在版编目(CIP)数据

《大学》《中庸》应该这样读 / 张子维译注.—南京：
南京大学出版社,2017.6

(中华经典导读)

ISBN 978 - 7 - 305 - 18378 - 2

Ⅰ.①大… Ⅱ.①张… Ⅲ.①儒家 ②《大学》—
青少年读物 ③《中庸》—青少年读物 Ⅳ.①B222.1 - 49

中国版本图书馆 CIP 数据核字(2017)第 054837 号

出版发行　南京大学出版社
社　　　址　南京市汉口路 22 号　　邮　编　210093
网　　　址　http://www.NjupCo.com
出 版 人　金鑫荣

丛 书 名　中华经典导读
书　　　名　《大学》《中庸》应该这样读
译　　注　张子维
责任编辑　芮逸敏
照　　排　南京紫藤制版印务中心
印　　刷　江苏凤凰通达印刷有限公司
开　　本　787×960　1/16　印张 15.5　字数 181 千
版　　次　2017 年 6 月第 1 版　2017 年 6 月第 1 次印刷
ISBN　978 - 7 - 305 - 18378 - 2
定　　价　39.00 元

网　　　址　http://www.njupco.com
官方微博　http://weibo.com/njupco
官方微信　njupress
销售咨询　(025)83594756

读《大学》,定其规模
读《中庸》,求古人微妙处

在四书编排的时候,文学界有一个固定的排列,就是《大学》《中庸》《论语》《孟子》这样的顺序。南宋理学家朱熹在《朱子语类》中解释得很明白:"先读《大学》,以定其规模;次读《论语》,以立其根本;次读《孟子》,以观其发越;次读《中庸》,以求古人之微妙处。"由此可见,《大学》是儒学的入门读物,给我们的人生规划了一份蓝图;《中庸》是总结性著作,是对儒家思想核心精神的提炼和升华。

自从朱熹为《大学》和《中庸》做了章句,分了段,并加入了标点,然后又将二者和《论语》《孟子》一起做了集注。《大学》《中庸》作为儒家经典中的经典,就成为指导人们日常生活的一种世界观和行为准则。

在《大学》《中庸》中,处处洋溢着古人对人生的哲学思考和对美好事物的追求,旨在于引导人们修身养性,达到至善至美的境界。

读者如果经常读《大学》和《中庸》,每读一次都会有不同的感悟。比如,"知止而后有定,定而后能静,静而后能安,安而后能虑,虑而后能得"。这句话强调了做好每一件事的基础,"定、半功倍,游刃有余"。"博学之,审问之,慎思之,明辨之,笃行之。"告诉了我们学习的方法和做人的道理。"人一能之,己百之;人十能之,己千之。"则要求我们在学习和工作中,只有付出努力和汗水,才能"虽愚必明,虽柔必强"。生活中,我们最难把握的恐怕是对人对事的分寸,怎样才能不偏不倚呢?这就需要我们具备"中庸"的思想,克己、慎独,"己所不欲勿施于人"……

在阅读的时候,初读《大学》,有很多生僻的古汉字,可是文章意思很容易理解。读《中庸》却不一样,感觉很迷茫,不知所云,不是因为字难认,而是意思很难理解。这也是二者之间最直接的区别。

为了让读者更好地理解《大学》《中庸》的原意、思想,并能与现实发生联想,指导价值判断与行为准则,本书在引用《大学》《中庸》全文外,还对一些难以理解的词句逐一进行了注释,并用白话文译解全文。在此基础上,在每一章的末尾采用故事最核心的思想,用一个最具代表性的故事来帮助读者理解,希望能给读者带来轻松愉悦的阅读体验。

修身养性读《大学》和《中庸》

　　《大学》《中庸》出自《礼记》中的两个篇章,《大学》是第四十三篇,《中庸》是第三十一篇,宋代学者先后将这两篇文章从《礼记》中抽出,详细注解,单独成书。南宋朱熹则将《大学》《中庸》与《论语》《孟子》并列称为"四书",撰写了《四书章句集注》,使其成为最重要的儒学经典,也成为教化百姓的最重要典籍。

　　《大学》以人的修身为核心,强调人的修身养性不只是内省的过程,更是同外物相接触,穷究物理而获得知识,培养道德品性、完善人格的过程。格物、致知、诚意、正心是修身的方法,为"内修"。齐家、治国、平天下则是修身的目的,为"外治"。而中间的修身一环,则是连结"内修"和"外治"两方面的枢纽:向内,就是独善其身;向外,便是兼善天下。"穷则独善其身,达则兼善天下"(《孟子·尽心下》)便成为两千多年来中国一代又一代知识分子的生命历程。可以说,中国人的精神内核、文化特点、民族性格,也都由此铸造。时至今日,不管是否意识明确,不管积极还是消极,"格、致、诚、正,修、齐、治、平"的观念总是或隐晦或明显地在影响着我们的思想和行动,我们的人生历程最终仍然是在这儒学的进修阶梯上或近或远地展开。

　　《中庸》原来也是《礼记》中的一篇,一般认为它出于孔子的孙子子思(西元前402)之手。孔子去世后,儒家分为八派,子思是其中一派。后代因此而尊称子思为"述圣"。《中庸》的中心思想是儒学的中庸之道,它的主要内容并非现代人所普遍理解的中立、平庸之意,其主旨在于修养人性。其中包括学习的方式：博学之、审问之、慎思之、明辨之、笃行之，也包括儒家做人的规范如君臣、父子、夫妇、兄弟以及朋友之间的相处交往规则和智、仁、勇三种重要的德行等。《中庸》强调"诚"，认为"诚"是实现中庸之道的关键。《中庸》内容丰富，不仅提出了"中庸"作为儒家的最高道德标准，而且还以此为基础讨论了一系列的问题，涉及儒家学说的各个方面。所以，《中庸》被推崇为"实学"，也就是对人生有实际明确的指导作用，被视为可供人们终身受用的经典。

如今，中国人经历过对物质与西方文化单纯强烈的向往与追求之后，传统文化经典与精髓对社会整体的意义，对每一个个体人生的意义，已经重新得到越来越普遍的认可与重视。中国人开始迫切地渴望重新建立起与传统文化的续接。

《大学》《中庸》这两部文化经典能够帮助我们建立比较理想的人格，帮助我们抵抗人生中的黑暗与虚无。这一点对于我们每个人来说尤为重要和有效。

"四书"——国学经典入门书

　　每一个生活在当代的人，不管愿不愿意承认，也不管是不是喜欢，我们每天都生活在自己民族的文化传统中，并以自己的言谈举止显示着这个传统的或优或劣的特色。中华民族有文字记载的历史已有三千多年，现在越来越多的人已经认识到，在中国传统文化中有许多宝贵的遗产，值得学习和继承，使之转化为当代的资源。例如关于天人合一的观念，关于忧国忧民的情操，关于尚善的态度和透过修身养性以达至高尚人格的追求，关于敬业乐群的意识，关于"先天下之忧而忧，后天下之乐而乐"的人生准则，以及关于整体思维的思想方法等等，都值得我们认真学习和思考。此外，还有丰富的历史经验和教训，可以给我们深刻的启示；还有众多美不胜收的文学作品和艺术作品，可以陶冶我们的性情，净化我们的心灵。

　　对待民族的传统文化，也许有人会问："传统文化究竟有什么用？"要说没用也真没用，既不能当饭吃，也不能教人如何投资赚钱。但其精华部分能开启我们的智慧，丰富我们的精神生活，指导我们协调人与人之间的关系、人与自然的关系，以及促使我们把自己掌握的知识和技术用到造福于人类的道路上，这就是传统文化的无用之大用。

　　试想，如果我们的心灵少了诗意、记忆缺席了历史、思考没有了哲理，生活还有什么意义？我们若能将古人的智慧、古人的知识、古人应对各式各样问题的办法延续下来，就一定会在现实生活环境中走得更顺畅，更容易实现人生的理想。

从文明传承的角度上讲，弘扬和发展传统文化，是每一个炎黄子孙，特别是青少年的历史责任和义务。那么，青少年该如何做才能使传统文化薪火相传呢？我们都知道，书籍是文化传承的载体，青少年要想涉猎传统文化，就要从学习国学经典开始。长期以来的应试教育，总是让青少年学生围着考试和教材转，却很少接触国学原著。殊不知，优秀的教材固然有重要参考价值，不可不读，但要提高人文精神的素养，必须直接阅读国学原著。

我们所推出的《我的第一本论语读本》《我的第一本孟子读本》《我的第一本大学、中庸读本》系列丛书，阅读对象就是以青少年为主，引导他们国学入门。为了青少年更好的认知，本书在编排上，采取了将原文、注释、翻译和有趣的故事融合在一起的方式。青少年不仅可以结合注释和翻译完整地阅读原文，还可以阅读与之相关的故事。用这种轻松愉悦的方式来了解儒家经典，并得到实实在在的收获，这也正是编者的目的。

孔子说过一句很值得玩味的话："知之者不如好之者，好之者不如乐之者。"进而道出了学习的三个层次："知之者"，是获得知识的层次；"好之者"，是从学习中引发了兴趣，激发出研究的动力；"乐之者"则更进一步从学习和探讨中实现思想的升华，产生高度愉悦的心情，或对研究"欲罢不能"的迷恋状态。希望读者在阅读本系列丛书时，可以达到"乐之者"这一境界。

目　录

《大　学》

《中　庸》

《大学》经一章

中庸

【原文】

大学之道①，在明明德②，在亲民③，在止于至善。

知止④而后有定⑤；定而后能静；静而后能安；安而后能虑；虑而后能得⑥。

物有本末⑦，事有终始⑧，知所先后，则近道矣。

古之欲明明德于天下者，先治其国；欲治其国者，先齐其家⑨；欲齐其家者，先修其身⑩；欲修其身者，先正其心；欲正其心者，先诚其意；欲诚其意者，先致其知⑪；致知在格物。

格物⑫而后知至；知至而后意诚；意诚而后心正；心正而后身修；身修而后家齐；家齐而后国治；国治而后天下平。

自天子以致于庶人⑬，壹是⑭皆以修身为本⑮。

其本乱，而末⑯治者否矣；其所厚者薄，而其所薄者厚⑰，未之有也⑱。

【注释】

① 大学之道：大学的宗旨。"大学"指相对于小学而言的"大人之学"。古人八岁入小学，学习"洒扫应对进退、礼乐射御书数"等基础知识、基本技能和礼节；十五岁入大学，学习伦理、政治、哲学等"穷理正心，修己治人"的学问。

② 明明德：前一个"明"为使动用法，即"使彰明"。后一个"明"做形容词，明德也就是光明善良的品德。

③ 亲民："亲"，"新"的通假字，动词，革新、弃旧图新。亲民，也就是使民新，使人弃旧图新、去恶从善。

④ 知止：知道应该停止的地方，也就是达到完善。

⑤ 有定：志向有明确肯定的方向。

⑥ 得：收获。

⑦ 物有本末：明德为本，新民为末。

⑧ 事有终始：知之为始，能得为终。

⑨ 齐其家：管理好自己的家庭或家族，使家庭或家族和美，蒸蒸日上，兴旺发达。

⑩ 修其身：培养锻炼自身的品行。

⑪ 致其知：使自己获得知识，提高认知能力。

⑫ 格物：认识、研究万事万物，推究其道理。

⑬ 庶人：指平民百姓。

⑭ 壹是：都是。

⑮ 本：根本。

⑯ 末：相对于本而言，指枝末、枝节。

⑰ 厚者薄：原本很厚的东西看成薄的。薄者厚：原本很薄的东西看成厚的。指该重视的不重视，不该重视的却加以重视。

⑱ 未之有也：未有之也。没有这样的道理（事情、做法等）。

【译文】

大学的宗旨，在于弘扬光明高尚的品德，在于使民众弃旧图新，在于使人达到最完善的境界。

知道自己所应达到的境界才能在学习的过程中目标坚定；目标坚定才能够做到心境平和不妄动；心不妄动才能够神思安稳；神思安稳才能够考虑周详；考虑周详才能够有所收益，才可能达到完善的境界。

每样东西都有根本有枝末，每件事情也都有终结有开端。明白了这本末始终的次序道理，就接近了解事物发展的规律了，也就与

大学的宗旨相距不远了。

古代那些想在天下弘扬高尚德性的人,先要治理好自己的国家;想治理好自己国家的人,先要管理好自己的家庭和家族;想管理好自己家庭家族的人,先要修养好自身的品德;想修养自身品德的人,先要端正自己的内心;想端正自己内心的人,先要使自己的意念真诚;想使自己意念真诚的人,先要使自己获得足够的知识;获得知识的途径在于认识、研究这世上万事万物的道理。

要透过认识、研究万事万物才能获得知识;获得知识后意念才能真诚;意念真诚后内心才能端正;内心端正后才能修养自身品德;品德修养提高后才能管理好家庭和家族使其和睦有序;每个家庭和家族和睦有序之后国家就能安定昌盛;国家安定昌盛后整个天下就能太平。

因此,上自国家君主,下至平民百姓,人人都要以修养个人品德为根本。

若这个根本被扰乱了,家庭、家族、国家、天下要治理好都是不可能的。不分轻重缓急,本末倒置,将应该重视的事情忽略了,应忽略的事情却重视起来,却想达到治国、平天下的目的,这也同样是不可能的。

【解读】

明明德、新民、止于至善,这是《大学》的三纲领,也是儒学"垂世立教"的目标所在。格物、致知、诚意、正心、修身、齐家、治国、平天下,这是《大学》的八条目,也是儒学为我们所展示的人生进修阶梯。

综览四书五经,我们就会发现,儒家的全部学说实际上都是循着这三纲八目而展开的。所以,抓住这三纲八目,就等于得到一把打开儒学大门的钥匙。

《大学》传十章

第一章　明明德，奠定人生之基

【原文】

《康诰》①曰："克②明德。"《大甲》③曰："顾諟天之明命。④"《帝典》⑤曰："克明峻德⑥。"皆⑦自明也。

【注释】

① 康诰：《尚书·周书》中的一篇。《尚书》是上古历史文献和追述古代事迹的一些文章的汇编，是"五经"之一，称为"书经"。全书分为《虞书》《夏书》《商书》《周书》四部分。《康诰》是周公封康叔时作的文告。

② 克：能够。

③ 大甲：《太甲》。《尚书·商书》中的一篇。

④ 顾：顾及，惦念。諟：此。明命：光明的禀性。

⑤ 帝典：《尧典》。《尚书·虞书》中的一篇。

⑥ 克明峻德：《尧典》原句为"克明俊德"。俊：与"峻"相通，意为大、崇高等。

⑦ 皆：都，指前面所引的几句话。

【译文】

《康诰》说："能够弘扬高尚的品德。"《太甲》说："念念不忘这上天赋予的光明禀性。"《尧典》说："能够弘扬崇高的德性。"这些都是说要自己弘扬光明正大的品德。

【故事】

周处悔过自新

三国末期，在东吴义兴阳县，也就是如今的江苏宜兴，有一个叫周处的少年。他的父亲曾是鄱阳太守，但是在他很小的时候就去世了。

周处还不到二十岁，就已经臂力过人。他凶暴强横，好与人争斗，整天骑着马在街上驰骋，在山林打猎，纵情任性，随心所欲，成为当地百姓的祸患。

当时义兴的山里有一只猛虎，水里有一条恶龙，经常伤人，当地百姓将它们与周处并称为"三害"，而三害中，周处还是最严重的那个。

有一天，他问一个面带忧色的老人家："如今时局安稳，风调雨顺，你为什么还不快乐呢？"老人叹口气说："三害未除，又怎么快乐得起来啊！"周处说："若是担心这个，我可以为你们除掉。"

周处便进山去射死了猛虎。又跳到水里与蛟龙搏斗，水流湍急，蛟龙凶恶，周处与它一边搏斗一边漂流，有时候露出水面，有时候沉到水底，漂出去几十里路，三天三夜都没有回来。当地人以为他一定是死了，于是高兴地庆贺。

周处最终杀死了蛟龙，回来以后发现人们如此庆贺，才知道自己竟然这么被人痛恨。

周处心中自悔，当下就离开家乡去寻找当时的名人陆机和陆云。陆机不在，他把自己的经历都告诉了陆云，并且说："我现在想

要学习道理提高修养,可是年纪大了,恐怕已经太迟。"陆云说:"古人认为即便早上明白了圣贤之道,晚上就死去也是甘心的,何况你尚且年轻,只要确立了坚定的志向,还用担心好名声不会显露出来吗?"

周处于是浪子回头,励志好学,很快便取得成就,不仅遵循忠信克己的圣人之道,而且显露出文学的才能。一年之后,就当了东吴的官员。

后来,吴国被灭,晋朝建立。

晋军大将王浑在建业宫中开庆祝酒会,半醉时问底下的吴臣:"你们的国家亡了,不难过吗?"周处站出来说:"汉朝末年天下分崩,三国鼎立,魏国灭亡在前,吴国灭亡在后,该难过的又哪里只是一个人?"曾是魏臣的王浑惭愧极了。

周处出仕西晋后,刚正不阿,得罪了很多权贵,最终在被派往西北讨伐氐羌叛乱时,孤军奋战,遇害于沙场。

周处死前在战场上留下一首诗:"去去世事已,策马观西戎。藜藿甘粱黍,期之克令终。"意思是:"走吧,走吧,世上的事已经完结了,就骑上马去,看看西戎外族吧。我甘心把低劣的野菜当作美食(我这个出身低微的人听命于尊贵的皇亲),只希望自己能坚持到最后啊。"

周处死后被追赠了"平西将军"头衔,并且留下著作《默语》三十篇及《风土记》,也曾撰集吴国历史。《风土记》是记述地方风俗的名著,今人查考端午、七夕、重阳等等习俗,所依据的便是这一部《风土记》。吴地也留下了"周处除三害"的传说。

【评论】

周处的生平经历充分展示了"明明德"的过程。

他天性具备明德，只是由于生长环境的问题（比如父母早逝），明德被蒙蔽，才成为一大祸患。他斩杀猛虎、蛟龙之后受到的刺激，以及陆云醍醐灌顶的点拨，就是他"明"自身之"明德"的开始。经过不断的学习修为，周处成为一代名臣。他的为人和能力既影响了当时的人们，也随着史籍和传说影响着后人。这便是"明"他人之"明德"了。

第二章　日日新，塑造人生之要

【原文】

汤①之《盘铭》②曰："苟③日新，日日新④，又日新。"《康诰》曰："作⑤新民。"《诗》⑥曰："周虽旧邦，其命惟新。"是故君子无所不用其极⑦。

【注释】

① 汤：就是成汤，商朝的开国君主。

② 盘铭：刻在器皿上的文辞。盘，是指商汤的沐浴器皿。《盘铭》就是商汤刻在沐浴器皿上用来自我警戒的箴言。

③ 苟：如果。

④ 新：文中本义是指洗澡去除身体的污垢，使身体焕然一新，引申义则是指进行精神上的弃旧图新。

⑤ 作：振作，激励。新民：即"经"里面说的"亲民"。意思是使民新，也就是使人弃旧图新，去恶从善。

⑥ 《诗》：这里的句子出自《诗经·大雅·文王》。周，周朝。旧邦，旧国。其命，是说周朝所禀受的天命。

⑦ 是故君子无所不用其极：所以品德高尚的人没有一处不追求完善。是故，所以。

商朝君主汤的《盘铭》箴言说:"如果一天能够新,就应保持天天新,新了还要更新。"《康诰》说:"激励人民焕发一新的风貌。"《诗经》说:"周朝虽然是旧的诸侯国,但却能够禀受新的天命。"因此,品德高尚的君子要处处追求完美的道德境界。

【故事】

王安石　伤仲永

北宋年间,在离王安石家乡不远的江西金溪县,有一户姓方的人家,祖祖辈辈都是靠种田为生。方家的小儿子叫方仲永,自然也是从小过着村居生活,每日只在田间玩耍,不仅没有学习读书写字,甚至也没有见过别人读书写字。

方仲永五岁时的一天,他忽然哭喊着跟家里的大人索要笔墨纸砚,不拿给他就一直哭闹不止。父亲觉得非常奇怪,就到邻居家里借来给他。他拿到后居然立刻就写了四句诗,主要内容是表达赡养父母、团结宗族的意愿,还题上了自己的名字。这件事很快就传扬开了,全乡的秀才读书人都惊讶于这件奇特的事,每个人都想要看一看这位神童写下的诗句,于是争相传阅。

从这一天开始,无论是谁指定了一个题目或事物,方仲永都能立刻写出一首诗来,而且诗的文采和旨趣都很有值得欣赏称道的地方,同县的人都为此惊奇,认为这是上天授予的才能,渐渐就开始有人请他们父子到家中作客,还有人准备了礼物钱财专门来请仲永作诗。

仲永的父亲自然为此高兴得意,尤其看到有利可图之后,就天天带着仲永在全县境内四处去拜访达官贵人,也不让仲永读书学习。

在外做官的王安石听说了这件事，但是一直没有机会回乡看看仲永。

明道年间，王安石跟随父亲一起回到了家乡，在舅舅家里见到了这位著名的神童。此时方仲永已经有十二三岁了，大家叫他写诗，写出来的诗句明显退步，已经不能与前几年的传闻相称了。但是仲永的父亲仍然不让仲永读书学习。

又过了七年，王安石从扬州回到家乡，去舅舅家里探望的时候，再次打听起仲永的情况。王安石的舅舅回答道："如今他的才能已经完全消失，跟普通人没有什么差别了。"

王安石对此非常遗憾伤感，他说：仲永的理解和领悟能力是上天赋予的，他的天资远远超出那些具有普通才能的人。他最终变成一个平庸的人，就是因为没有接受后天的教育，没有继续学习。像仲永这样聪明才智超群的人，不受教育不学习尚且要沦落为普通人，那么，世上大多数天资平凡的人如果不学习的话，是不是连达到一个普通人的水准都很困难呢？

王安石本人自幼聪颖，读书过目不忘，但是他接受了良好的教育，又从小跟随父亲宦游南北各地，阅历丰富，眼界开阔，最终成为中国历史上著名的文学家、政治家、思想家和改革家。

他饱读诗书，勤奋好学，其笔下作品无论诗、文、词都有杰出的成就。北宋中期的诗文革新运动，也在他手里得到了有力推动。他对扫除宋初风靡一时的浮华余风做出了贡献，与韩愈、柳宗元等人一起被后人并称为"唐宋八大家"。

王安石的不断学习进步不仅表现在学问上，更表现在道德修养和胸怀见识上。随父亲游历期间，他目睹了人民生活的艰辛，对宋王朝"积贫"、"积弱"的局面有了一定的感性认识，青年时期便立下了"矫世变俗"之志。王安石最终于四十九岁那年，在宋神宗的支持下，以宰相之职在全国开始推广变法革新运动，其宗旨是"变法度，易风俗""富国强兵""起民之病，治国之疵"，既要教化民众，又要让民众过着富裕的生活，最终实现国家繁荣昌盛、人民安居乐业的治世。

但是因为改革措施触动了很多贵族地主及当权者的利益，新法推行遭到了激烈的反对和阻挠，王安石的政治理想最终没有实现。

而在将近九百年之后，公元一九三〇年，美国经济进入大萧条时期，当时的农业部长华莱士正是仿照北宋王安石的青苗法，在美国建立常平仓（中国古代储备粮荒平抑粮价的政府粮仓），一方面实施农业贷款，一方面收购多余的物资和粮食食品，免费发给城市人民，不但解决了粮荒问题，还维持了粮食物资价格的稳定，为美国度过经济大萧条发挥了重要的作用。

【评论】

方仲永拥有让人艳羡的天赋，但是因为不肯学习无法进步，导致他的天才如昙花一现，虽美丽却短暂，最终也没有获得任何成就，如果不是王安石的记载，恐怕连名字都早已湮灭在历史的尘埃之中。而王安石孜孜不倦、锐意进取、勇于革新，最终取得了举世瞩目的成就。

第三章　止于至善，成就人生之本

【原文】

　　《诗》云："邦畿千里，惟民所止①。"《诗》云："缗蛮黄鸟，止于丘隅②。"子曰："于止，知其所止，可以人而不如鸟乎?"《诗》云："穆穆文王，于缉熙敬止③。"为人君，止于仁;为人臣，止于敬;为人子，止于孝;为人父，止于慈;与国人交，止于信。

　　《诗》云："瞻彼淇④澳⑤，绿竹猗猗⑥。有斐⑦君子，如切如磋，如琢如磨⑧。瑟兮僩兮⑨，赫兮喧兮⑩。有斐君子，终不可諠兮。"如切如磋者，道学也;如琢如磨者，自修也;瑟兮僩兮者，恂栗⑪也;赫兮喧兮者，威仪也;有斐君子，终不可諠兮者，道盛德至善，民之不能忘也。

　　《诗》云："於戏，前王不忘⑫!"君子⑬贤其贤，而亲其亲。小人⑭乐其乐，而利其利。此以没世不忘也。

【注释】

　　① 邦畿千里，惟民所止:引自《诗经·商颂·玄鸟》。邦畿，国境。古代指直属于天子的疆域，即都城及其周围的地区。止，有至、到、停止、居住、栖息等多种含意，随上下文而有所区别。在这句里本意是居住的意思，指的是人和物都有其应该到达的处所和境界。

②　缗蛮黄鸟，止于丘隅：引自《诗经·小雅·绵蛮》。缗蛮，即绵蛮，鸟叫的声音。隅，角落。止，栖息。

③　"穆穆"句：引自《诗经·大雅·文王》。穆穆，仪表美好庄重的样子。于，句首的赞叹词。缉熙，光明的样子。止，语助词，无意义。

④　淇：指淇水，在今河南北部。

⑤　澳：水边弯曲的地方。

⑥　猗猗：茂密葱郁的样子。

⑦　斐：文采，文雅。

⑧　如切如磋，如琢如磨：好像是做骨器，要切断、磋光；好像是做玉器，要琢开、磨光。这句话是表明对治学修身应有精益求精的态度。

⑨　瑟兮僩兮：庄重严谨而又胸襟开阔的样子。

⑩　赫兮喧兮：显耀盛大的样子。喧，《诗经》原文作"咺"，遗忘。

⑪　恂栗：恐惧，戒惧，这里有谦虚谨慎的意思。

⑫　於戏，前王不忘：引自《诗经·周颂·烈文》。於戏：叹词。前王：前代贤王，指周文王、周武王。

⑬　君子：指的是后继贤王。

⑭　小人：后代的百姓。

【译文】

《诗经》说："国都及其周围千里，都是老百姓向往居住的地方。"《诗经》又说："细声叫着的黄鸟，栖息在山丘上。"孔子说："连黄鸟都知道它应该栖息的地方，难道人反而还不如鸟儿吗？"《诗经》说："仪表庄重美好的文王啊！为人光明磊落，德行高尚，使人无不敬慕。"身为国君的，要做到仁爱；身为臣属的，要做到恭敬；身为子女的，要

做到孝顺；身为父亲的，要做到慈爱；与他人交往，要做到讲信用。

《诗经》说："看那淇水弯弯的岸边，青青的竹子郁郁葱葱。有一位君子文质彬彬，他研究学问如加工骨器，不断切磋；修炼自己如打磨美玉，反复琢磨。他态度庄重而胸襟开阔，仪表堂堂又赫赫。这样一个文质彬彬的君子，真是令人难以忘记！"这里的"如加工骨器，不断切磋"，是说做学问的态度；"如打磨美玉，反复琢磨"，是说自我修炼的精神；说他"态度庄重"，是指他内心谨慎而有所戒惧；说他"仪表堂堂"，是指他非常威严；说"这样一个文质彬彬的君子，真是令人难以忘记！"是说他品德非常高尚，达到"善"的最完美境界，所以人们自然难以忘怀。

《诗经》说："啊啊！前代的贤王真使人难忘啊！"这是因为后世的君主们能够尊重前代君王所尊重的，亲近前代贤王所亲近的，后代平民百姓也都爱好前代贤王所爱好的，享受前代贤王所赐予的。这就是前代贤王虽然去世，但不会被人们忘记的道理。

【故事】

黑暗世界的明灯——德蕾莎修女的故事

她是世界上获得各种重要奖项最多的人之一，同时也是世界上最贫穷的人之一。她没有接受过高等教育，却被许多世界知名大学授予各种名誉博士的称号。印度前总理甘地夫人说："见到她，你会感到深切的谦逊，感到温馨的力量、爱情和勇气。"她就是德蕾莎修女。

公元一九一○年，德蕾莎修女生于马其顿一个富裕的阿尔巴尼亚家庭。十二岁时，她便萌生出做修女的愿望。十八岁那年，她远赴印度受训，成为修女。二十七岁时，她升任女修道院院长。

公元一九四八年，三十八岁的德蕾莎修女离开爱尔兰的罗瑞托修道院，来到印度贫穷人口聚集的城市加尔各答。这里弃婴之多，景象之惨，实在是令人触目惊心。她脱下了蓝色道袍，改穿当地妇女常穿的白色棉纱丽，并立即开始了在贫民窟的工作，照顾服侍那里的弃婴、濒死者、麻风病人及赤贫的人。

她兴办贫民学校，和其他修女一起承担了收养弃婴的工作：丢弃在修道院门口的婴孩，其他地方的弃婴，穷人自己养不起的孩子……这项善行的影响力越来越大，收养的弃婴也越来越多了，使得购买奶粉、粮食及药品的经费经常短缺。但奇怪的是，每当这时候，总会有人帮她们渡过难关。

除了收养、照顾弃婴外，德蕾莎修女对其他需要帮助的穷人也会伸出援手。有一次，她发现一位老妇人倒在路上，头上残留着血迹的伤口爬满了苍蝇和蛆虫，破布裹着的脚上爬满了蚂蚁。德蕾莎发现老妇人还有呼吸，就赶紧把她送到了附近的医院。医院见垂死老妇人的穷困模样，不想接收，德蕾莎修女义正词严地说："老奶奶是否有救的责任不在医院，但作为医院想办法给予治疗却是必需的！"医院这才对老妇人予以治疗。

由于经常遇上此类事情，德蕾莎修女决定通过自己的努力来改善这种状况。终于，她在加尔各答著名的卡里寺院得到了一处免费的地方，为贫困的病人提供休养，修女们就将二十多位最贫困、最痛苦的人先安顿了下来。

有一天，在一个垃圾堆旁边，德蕾莎修女发现了一个皮薄如纸、嶙峋如骷髅般的老人，虽有一息残存，但蛆虫已经爬上肌肤。德蕾莎修女把老人搬进屋子，喂他饮食，清洗他的身体，从伤口里清除蛆虫。那衰弱将死的老人轻轻地问她："你怎么能够忍受我的臭味？"她轻声回答："比起你身上的痛苦，这根本算不了什么。"在垂死之

际,老人努力对德蕾莎修女微笑:"你是应当受到赞美的。"德蕾莎修女回他以微笑:"应当受到赞美的是你,你不要赞美我。"

还有一位老人在临死前拉着德蕾莎修女的手,用孟加拉语低声地说:"我一生活得像条狗,而我现在死得像个人。谢谢了。"

不知有多少被社会抛弃的人,在生命的最后,从这位貌不惊人的修女身上获得尊严的补偿。德蕾莎修女所显示的那种精神——对穷苦人无条件的尊重,是很难在别处找到的。

德蕾莎修女先后在印度和其他国家创办了五十余所学校、医院、济贫所、青年中心和孤儿院。四十岁时,建立"仁爱传教修女会"。

她获得过多个国际性奖项,公元一九七九年获诺贝尔和平奖。授奖公报对德蕾莎修女的评述是:她的事业有一个重要的特点:尊重人的个性、尊重人的天赋价值。那些处境最孤独的人、处境最悲惨的人,得到了她最真诚的关怀与照料。这种情操发自她对人的尊重,完全没有居高施舍的姿态。她个人成功地弥合了富国与穷国间的鸿沟,她以尊重人类尊严的观念在两者之间架起了一座桥梁。

而德蕾莎修女本人的人生戒律是:你今天所做的善事明天就会被人遗忘。不管怎样,还是要做善事;将你所拥有的最好的东西献给世界,你可能会被反咬一口。不管怎样,还是要把最宝贵的东西献给世界。

公元一九九七年,这位身材矮小、广受爱戴的修女,平静地离开了人间。

【评论】

德蕾莎修女堪称超宗教的杰出女性,她最大的贡献之一就是为不同宗教、不同种族、不同阶级和阶层的人群实现真正意义上的沟通进行了成功的尝试。她终生的理想是——要为穷人做实实在在的事,并用行动实现了这个理想。她为社会最底层的弱势群体服务,让他们感受到了爱、温暖和尊重的力量,点燃起他们对生命的希望。她的精神属于全人类。

第四章　知所先后，接近做人做事之道

【原文】

子曰："听讼，吾犹人也。必也，使无讼乎！"①无情者，不得尽其辞②，大畏民志③。此谓知本。

【注释】

① "子曰"句：引自《论语·颜渊》。听讼，即审理诉讼。犹人，和别人一样。

② 无情者，不得尽其辞：使隐瞒真实情况的人不能够花言巧语狡辩。

③ 民志：民心，人心。

【译文】

孔子说："听诉讼审理案件的能力，我和别人一样。但是我力求做到的是尽力使诉讼不再发生。"使隐瞒真实情况的人不能够花言巧语为自己辩解，使百姓心中敬畏。这就叫作认识了根本的道理。

【故事】

冯谖为孟尝君市义

战国时期，齐国公子孟尝君礼贤下士，广招门客，与魏国信陵君、楚国春申君、赵国平原君齐名，时人共称为"战国四公子"。

　　齐国有一个人叫冯谖，穷到不能养活自己，就托人去找孟尝君，想在他的门下寄居做一个食客。孟尝君问他有什么特长，他回答说没有什么特长；又问他有什么本事，回答说也没有什么本事。孟尝君笑了笑，但还是接受了他。

　　孟尝君的惯例是按照才能大小把食客分成三个等级的，上等出入乘车，中等餐餐有鱼，下等则只吃素菜，基本上就是混饭吃的。手下人觉得孟尝君是看不起冯谖的，就按下等对待，给他吃的饭菜很粗劣。

　　过了一段时间，冯谖就倚着柱子弹着自己的剑，懒洋洋唱道："长剑啊长剑，咱们回去吧！这里吃饭没有鱼。"左右的人把这事当笑话告诉了孟尝君，孟尝君却说："就给他吃鱼吧！按照中等门客的生活待遇。"

　　又过了一段时间，冯谖又弹着他的剑，唱起来了："长剑啊长剑，咱们回去吧！出来进去没有车。"左右的人和其他门客当场就取笑起他，并把这件事告诉给孟尝君。

　　孟尝君则说："那就给他车子吧！按照上等门客的生活待遇。"冯谖于是乘坐他的车，高举着他的剑，去拜访他的朋友们了，十分得意地说："孟尝君待我为上等门客。"

　　此后不久，冯谖竟然又弹着他的剑，唱起来了："长剑啊长剑，咱们回去吧！在这里又不能养家。"这个时候，孟尝君的手下都开始厌恶冯谖了，认为这个人实在是贪得无厌。而孟尝君听说此事后问他："冯先生家里有亲人吗？"冯谖回答说："家中有一个老母亲。"孟尝君就派人供给他母亲吃用。从那以后，冯谖总算是不再唱歌了。

　　又过了一年，孟尝君当了齐国的相国，在薛地被封了万户食邑。由于他一直在门下广招食客，此时已经达到三千多人，封邑的收入

已经不够奉养食客,孟尝君就派人到薛地去放债以便收取利息增加收入。债放出去一年多,没有收回息钱,孟尝君就想在食客中挑选一个人去收取利息。有人向他推荐冯谖:"您门下这位冯先生看起来能言善道,他年纪又大,又没有什么别的本领,我看就让他去收债挺合适的。"

孟尝君于是请来冯谖,说了他的意思,冯谖很爽快地答应了。出发前,冯谖去辞别孟尝君时问道:"收完了债,买点什么回来呢?"孟尝君说:"你看我家缺少什么就买什么吧!"

冯谖乘车来到薛地,派当地官吏召集起那些应该还债的人让他们交利息。共收了十万,但仍有多数人无法交出钱。冯谖用收来的钱买了很多酒肉,把所有债户召集来验对债券。冯谖劝债户们饮酒,观察他们的贫富情况,之后让大家拿出债券像前一次一样验对。给有能力偿还的人订立还债期限,对没能力偿还的人则收回债券,并假传孟尝君的命令,免去了他们的债务,将债券当场烧掉。

冯谖说:"孟尝君之所以放贷钱,是为一无所有的百姓提供本钱;之所以收取利息,是因为要奉养门客。因此,今天富裕有能力的人都约定了还钱的日期,贫穷的人则焚毁了债券不再收取。接下来各位就请尽情饮食吧!我们有一个这样仁德的恩主,怎么能辜负了他呢?"于是,那些坐着的人全都站起来恭敬行礼,心里十分感激孟尝君,以致口称万岁。

冯谖办完事就马上往回赶。孟尝君听说冯谖烧毁债券的事,也恼怒地派人召冯谖立即赶回。冯谖刚到,孟尝君就责问他。冯谖回答说:"您有了个小小的薛邑,还不把那里的百姓当作自己的子女一样加以抚慰,却用商人的手段向他们敛取利息,我认为非常不妥当,就假托是您的旨意,把收不回来的债钱赏赐给那些无力偿还的百姓,这样薛地的百姓都会爱戴您亲近您,并且颂扬您的仁德慈善。

我为您买回来的东西,就是这一个义字啊!"孟尝君听完虽然心里不痛快,但也无可奈何,只好说:"先生去休息吧!"

又过了一年,孟尝君遭人诋毁而被齐湣王罢掉了相位,只好带着一些门客返回自己的封地去。距离薛邑还有一百多里的时候,就看见当地的百姓们早已扶老携幼,在路旁等待迎接他了。孟尝君这时才明白冯谖焚毁债券的用意,感慨地对冯谖说:"先生为我买的这个义字,我今天见到了!"

后来,也正是在冯谖的种种谋划策略之下,为孟尝君凿就三窟,使他不仅最终恢复了相位,而且地位更加稳固,在之后的几十年时间里无"纤介之祸",可谓高枕无忧。

【评论】

收债也好,施政也好,需要聪明才智,需要能言善辩,需要机谋技巧,但是冯谖放弃施展这种聪明,而是用一种最简单的做法——收不到的就不要了。他看重的是孟尝君在百姓心中的地位。作为领主,得到百姓爱戴才是最重要的收成。要得到百姓爱戴,就只有对百姓付出仁爱。跟这一点相比,区区债钱又算得了什么呢?冯谖是真正懂得本末先后、孰轻孰重的人,这个初看一无所能却索取无度的人,才是真正具有超群智慧的人。

第五章　格物致知，获取知识之途，丰富追求之源

【原文】

①所谓致知在格物者：言欲至吾之知，在即②物，而穷③其理也，盖人心之灵，莫不有知，而天下之物，莫不有理。惟于理有未穷，故其知有不尽也。是以《大学》始教，必使学者即凡天下之物。莫不因其已知之理，而益④穷之，以求至乎其极。致于用力之久，而一旦豁然贯通焉。则众物之表里精粗，无不到，而吾心之全体大用，无不明矣。此谓物格。此谓知之至也。

【注释】

① 这一章的原文只有"此谓知本。此谓知之至也"两句。程子认为，"此谓知本"一句是上一章的衍文，"此谓知之至也"一句前面又缺了一段文字。这里所选的一段文字是朱熹根据上下文关系补充的。

② 即：靠近，接触。

③ 穷：探究，彻底研究。

④ 益：更加。

【译文】

经文上说获得知识的途径在于认识、研究万事万物，意思是要想获得足够的知识，就必须亲自接触事物本身从而彻底研究它的原理。因为人人内心都具有认识能力，而世上的一切事物都是按照一定的原则和规律在生长运行。

只是因为这些原则和规律有很多尚未被了解掌握，所以我们的知识就有很多局限。因此，《大学》一开始就引导教育学习者去接触天下的万事万物。没有人不是用自己已经掌握的知识，去做更加深入广泛的探究，以求了解和掌握万事万物的原则和规律。

等到经过了长时间的努力后，就会有一天忽然把所有的认识贯通联系起来。到那时，万事万物的里外钜细，就没有认识不到、了解不清楚的地方，而自己内心的认识能力也就得到淋漓尽致的发挥，再也没有蔽塞之处了。这就叫作万事万物被认识、研究了，这就是掌握到知识的最高境界了。

【故事】

神农氏亲尝百草

在很久以前的上古时代，人们都是住在山洞里，靠打猎过日子。打到猎物就有饭吃，打不到就只能挨饿，生活完全没有保障，人的寿命就很短，而且很容易生病，生了病也没有人懂得医治，能否康复就只能看运气。

打不到猎物或者不够吃的话，人们也经常采些草木果实来吃，可是那个时候，五谷和杂草长在一起，药物和百花开在一起，哪些果实好吃又可以充饥，哪些果实难吃无法下咽，哪些草药可以治病，哪些草药有毒吃了会生病，谁也分不清。

　　神农氏看在眼里，心中焦急，他想让百姓都能吃饱饭、治病痛。他为此苦思冥想，三天三夜之后，终于想出了一个办法。

　　第四天，神农氏带领一批人，从他的家乡出发，向西北的茫茫大山走去，山上有数不清的花草树木和飞禽走兽，以前从来没有人到过那里。道路艰难，他们走得腿也肿了，脚也起茧了，一直不停地走了四十九天之后，来到一个地方。只见高山连绵起伏不绝，远远望去没有尽头。山上长满奇花异草，人们很远就闻到了香气。

　　突然，从峡谷窜出来一群狼豺虎豹，把他们团团围在中间。神农和臣民们挥舞神鞭，向野兽打去，连续打了七天七夜，才把野兽全都赶跑了。那些虎豹蟒蛇身上被神鞭抽出的伤痕后来就变成了皮毛上的斑纹。

　　臣民们惊魂未定，又已经筋疲力尽，纷纷劝阻神农，说这里太险恶，应该回去。神农则坚定地摇摇头说："不能回去！百姓饿了没有东西吃，病了没有药物医，我们怎么能就这样回去呢？"说着他就带头走进了眼前的一条峡谷，来到一座茫茫大山脚下。

　　这座大山上半截插在云彩里，四面都是刀切一样的悬崖，崖上挂着长长的瀑布，长着密密的青苔，溜光水滑，看来没有登天的梯子是没办法上去的。臣民们又劝他趁早回去，神农依然不同意。他爬到一座小山峰上，对着眼前的高山，上下左右观察，想找一个上山的办法。这座小山峰后来就被人们叫"望农亭"。神农看见几只金丝猴，利用古藤和横在山腰上的树木攀爬，便想到了办法。他让臣民们砍树割藤，沿着山崖搭成架子。架子每天只能搭一层，神农和臣民们无论刮风下雨还是飞雪结冰都不停工，就这样整整搭了一年，搭起了三百六十层，才终于上到了山顶。据说，人们盖楼房用的鹰架就是这么传下来的。

　　神农带着臣民到山顶一看，果然不出所料，这里真是花草的世界啊！缤纷绚烂，无穷无尽，简直像海洋一样。神农高兴极了，采摘各种花草，逐一放到嘴里来尝。为了长时间在这里尝试各种草木果实，找出食物和药材，神农带着臣民在山上栽冷杉做城墙，以防御野兽，将居住的茅屋都盖在了城墙内。这地方被后人叫作"木城"。

神农白天领着臣民到山上尝百草，晚上就着篝火的光把结果详细记载下来：哪些草是苦的，哪些草是热的，哪些草是凉的，哪些是可以充饥的，哪些是能够医病的……

有一次，他刚把一棵草放到嘴里尝，就一头栽倒在地上。臣民们慌忙扶他坐起，他明白自己中了毒，可是已经说不出话了，只勉强用最后一点力气，指着面前一棵红亮亮的灵芝草，又指指自己的嘴巴。臣民们慌忙把那红灵芝采下来放到嘴里嚼嚼，再喂给他。神农吃了灵芝草之后，毒气很快就解了，头不昏了，也能说话了。从此，人们就都知道灵芝草是能起死回生的仙草。

臣民们看他这样尝草，觉得太危险了，又都纷纷劝他下山回去。他仍然坚定地摇摇头说："不能回去！黎民百姓饿了没有东西吃，病了没有药物医，我们怎么能就这样回去呢？"说完之后，他马上又接着尝起草来了。

他尝完了一座山上的花草，又马上到另一座山去尝，依然是用木杆搭架的办法，攀登上去。就这样一直尝了七七四十九天。他尝出了麦、稻、谷子、高粱能充饥，就把种子收集起来叫臣民带回去，让黎民百姓种植，这就是后来的五谷。他尝出了三百六十五种草药，写成一部《神农本草经》，为天下百姓治病。

百姓们开始定居耕种谷物之后，就有了固定的粮食收成，不再完全依靠打鱼、狩猎，生活渐渐富足起来。百姓们懂得了不同的草药治疗不同的疾病，痛苦减少了，寿命也都增加了。

《大学》传十章

【评论】

神农氏用亲身实践去了解和累积知识的办法，掌握了大量草木的药性，他总结出的丰富的药物知识不断得到后人的验证。《神农本草经》成为中国最早的中草药学经典之作，对中医药的发展一直产生着积极的影响，并逐步发展丰富，形成了如今世界闻名的中医药宝库。

第六章　诚其意,慎其独,开启立身之根

【原文】

所谓诚其意①者:毋②自欺也,如恶恶臭③,如好好色④。此之谓自谦⑤。故君子必慎其独⑥也。

小人间居为不善,无所不至,见君子,而后厌然⑦。掩⑧其不善,而著⑨其善。人之视己,如见其肺肝然,则何益矣?此谓诚于中⑩,形于外。故君子必慎其独也。

曾子曰:"十目所视,十手所指,其严乎。"

富润屋,德润⑪身。心广,体胖⑫。故君子必诚其意。

【注释】

① 诚其意:使意念真诚。

② 毋:不要。

③ 恶恶臭:厌恶腐臭的气味。臭,气味,比现在的含意宽泛。

④ 好好色:喜爱美丽的女子。好,女子的容貌美丽。

⑤ 谦:同"慊",满足。

⑥ 慎其独:在独处之时也保持谨慎。

⑦ 厌然:躲躲闪闪的样子。

⑧ 掩:遮掩,掩盖。

⑨ 著:显示。

⑩ 中：内心。下面的"外"指外表。

⑪ 润：装饰，使美好。

⑫ 心广，体胖：指有修养的人心胸宽阔，坦然无憾，则身体面貌舒泰安适。

【译文】

经文之中所说的意念真诚，就是自己不要欺骗自己。就好像厌恶败坏腐臭的气味，就好像喜爱容貌美丽的女子，一切都发自内心，这样才能使自己心满意足。所以，品德高尚的君子在一个人独处时一定要谨慎。

品德低下的小人在私下里总是做坏事，他们什么事都做得出来，但是见到君子后便会躲躲闪闪，掩盖自己所做的坏事，装出一副善良的样子。可是实际上，别人看到你，就像能看到你的心肺肝脏一样清楚，弄虚作假地掩盖又有什么用呢？这就是说内心诚实，一定会表现到行动和外表上。所以，品德高尚的人哪怕是在一个人独处的时候，也一定要谨慎。

曾子说："一个人的周围总是有十只眼睛看着你，有十只手指着你，这难道不令人畏惧吗？"

财富可以使房屋华丽，品德则可以使人行为高尚，使人心胸宽广坦然而身体舒泰安康。所以，品德高尚的君子一定要使自己的意念真诚。

【故事】

刘备三顾茅庐

东汉末年，皇室衰微，黄巾起义之后，终于天下大乱。曹操坐据朝廷，"挟天子以令诸侯"；孙权拥兵东吴，又有长江天险，实力雄厚；

而刘备虽以复兴汉室为口号，但是率领张飞、关羽颠沛流离几近二十年，始终势孤力弱，直到占据新野之后才有了落脚之地。听闻南阳诸葛亮是济世之奇才，得此人辅佐便可得天下，于是着手安排礼物，准备亲自前往隆中拜访。

刘备与关羽、张飞带着从人来到隆中。远远望去，看到山脚下有几个人正在耕田，有人唱道：

苍天如圆盖，陆地似棋局；世人黑白分，往来争荣辱；

荣者自安安，辱者定碌碌。南阳有隐居，高眠卧不足！

刘备勒住马问农夫："这首歌是什么人所作？"农夫回答说："这是卧龙先生作的。"刘备问："卧龙先生住在哪里？"农夫说："从这座山往南，有一带高冈，叫作卧龙岗。卧龙岗前有一片林子，林内一座茅庐，就是诸葛先生高卧之地了。"

刘备谢过农夫，策马前行，不出几里地，就来到庄前。刘备下马亲自叩打柴门，出来一个童子。刘备施礼求见，童子却说："先生今天早晨出门去了。"

刘备问："到哪里去了？"

童子回答："踪迹不定，不知往什么地方去了。"

刘备又问："那先生什么时候回来啊？"

童子说："回来的日子也说不定，可能三五天，也可能十几天。"刘备惆怅不已。

张飞急躁，说："既然见不着，咱们回去就是了。"

刘备还想再等等，关羽也说："不如暂时回去，再派人来随时打听消息。"

刘备就依了他的话，嘱咐童子："如果先生回来，请你告诉他刘备来拜访过。"

三人回到新野，过了些日子，刘备打听到诸葛亮已经回到了卧

龙岗,于是带着关羽、张飞第二次去拜访。

这时正值隆冬季节,天气严寒,还没走出几里地,忽然下起雪来,很快就山如玉簇、林似银妆,到处白茫茫了。刘备三人顶风冒雪,来到庄前,下马叩门,向童子询问:"先生今天在庄上吗?"童子说:"正在堂上读书呢!"刘备大喜,连忙跟童子进去。

进得草堂,见一少年抱膝坐在暖炉旁边,刘备走进去施礼道:"刘备仰慕先生已久,始终无缘拜会。上次因为徐元直举荐,怀着景仰来到仙庄,却没能见到。今天特意冒风雪前来,终于得以相见,实在万幸。"

那少年慌忙答礼:"将军莫非就是要见我家兄的刘豫州吗?"

刘备心中惊讶:"难道先生又不是卧龙吗?"

少年说:"我是卧龙的弟弟诸葛均。我们共有兄弟三人:大哥诸葛瑾,现在在江东孙仲谋那里做幕宾;孔明是我的二哥。"

刘备问:"那么卧龙先生今天在家吗?"

诸葛均说:"昨天被崔州平相约,出外闲游去了。"

刘备又问:"到哪里去闲游了?"

诸葛均回答:"可能乘小船在江河湖泊里游玩,也可能去深山里拜访僧人道士,也可能到村落里去与朋友相聚会谈,也可能在某个山洞里弹琴下棋:总之往来莫测,不知行踪。"

刘备失望极了,他说:"我这个人真是缘分浅薄啊!两次来拜访都不能见到先生!"便向诸葛均借来纸笔,给诸葛亮写了一封信,表达殷切之意,交给诸葛均收了,拜辞出门。

回到新野之后,光阴荏苒,转眼就到了早春。刘备就让人占卜,选择一个吉利的日期,斋戒三天,薰香沐浴,换上整洁的衣服,带领关羽和张飞又一次骑着马往隆中去了。

离草庐还有半里多路的时候,刘备就下马步行,正巧遇到诸葛均。刘备连忙施礼,问道:"令兄在庄上吗?"诸葛均回答:"昨天傍晚才回来的。将军今天能够与他相见了。"说完就走了。刘备高兴地说:"这回总算可以见到先生了啊!"

三人来到庄前叩门,童子开门出来。刘备说:"有劳仙童转报:刘备专来拜见先生。"童子说:"今天先生虽然在家,但现在正在草堂上午睡还没醒呢!"刘备说:"既然如此,暂时先不要通报。"吩咐关羽张飞在门口等着。

刘备一个人轻轻地走进去,见先生仰卧着睡在草堂床席之上。刘备就恭敬地站在地下等着。半晌过去了,先生还没有醒。关张两人在外面站了半天,不见动静,进去一看刘备居然仍在席旁侍立。张飞大怒,扬言要放火烧屋,被关云长再三劝住。刘备仍命二人去门外等候。向堂上望去,见先生翻了个身好像是要起来,可是忽然又转过去朝墙睡着了。童子想要叫醒他,刘备摆手阻止。又站着等候了一个时辰,孔明才醒,人未起来口中先自吟诗道:

大梦谁先觉? 平生我自知。

草堂春睡足,窗外日迟迟。

孔明吟罢诗,翻个身问童子:"有山外的客人来访吗?"

童子说:"刘皇叔在这里,已经站着等候多时了。"

孔明这才起身说:"怎么不早点通报呢! 容我先去更衣。"就走出去进了后堂。又过了半晌,才整理好衣冠出来迎接刘备。

刘备只见那孔明身长八尺,面如冠玉,头戴纶巾,身披鹤氅,飘飘然有神仙气概。于是上前相拜。二人当下谈起天下形势,孔明早已预见到天下必将三分,成鼎足之势。刘备虽然目前势力孤弱,只要经营得当,他日必可与孙曹抗衡。

刘备心下大喜,坚持要请孔明出山,以致泪下沾襟。而孔明也因感念刘备三顾之情,从此离开南阳,辅佐刘备创立了蜀汉基业,也

为后世留下了激动人心的传说。

【评论】

　　刘备以三顾茅庐之诚意请得诸葛亮出山,两个人也由此建立了忠诚笃厚的君臣情谊。刘备死后,诸葛亮在极尽艰难的情境下依然奋力辅佐刘禅,多次出征讨伐曹操,以期实现先主"兴复汉室"的遗愿。诸葛亮正是感念三顾之情,终其一生为蜀汉江山鞠躬尽瘁,死而后已。

第七章　修身先正心，好心态是人生进修之梯

【原文】

所谓修身在正其心者：身有①所忿懥②，则不得其正；有所恐惧，则不得其正。有所好乐，则不得其正。有所忧患，则不得其正。心不在焉③，视而不见，听而不闻，食而不知其味。此谓修身在正其心。

【注释】

① 程子曰："'身有'之身当作心。"

② 忿懥：愤怒。

③ 心不在焉：心思不在这儿。焉，相当于"于此"。

【译文】

经文说要修养自身的品行必须要先端正自己的心思：心中有愤怒则不能端正；心中有恐惧则不能端正；心中有偏好则不能端正；心中有忧虑则不能端正。一个人的心思如果不在它应该在的地方，那么他虽然在看，却看不见东西；虽然在听，却听不见声音；虽然在吃，却尝不出滋味。这就是说，要修养自身的品行必须要先端正自己的心思。

【故事】

范仲淹以天下为先

北宋初年,范仲淹出生于江苏徐州,第二年父亲去世,母亲谢氏带着襁褓中的他改嫁到山东朱家为妾。

范仲淹自幼便一心向学,听说附近长白山上醴泉寺里的住持僧人学问深厚,便一人离家到寺里寄宿读书。

二十三岁那年,范仲淹了解到自己的真正身世,辞别母亲,只身来到宋朝著名四大书院之一的应天府书院学习。求学期间,范仲淹几乎是食粥度日。每天早上煮一锅米粥,粥凉凝结之后便划成四块,早晚各吃两块,再搭配一点腌菜。后人感慨于此,形成了一个成语叫"划粥割斋"。

公元一〇一四年,真宗皇帝路过应天府,轰动全城。书院的师生也都放下书本,随着争先恐后的人们去看皇帝。只有范仲淹闭门不出,仍像往常一样埋头苦读。一位同学特地跑来叫他:"快去看看哪,千万别错过了这个千载难逢的机会!"但范仲淹只随口说了句:"将来再见也不晚。"连头也没抬又继续读书了。第二年,他便得中进士,在参加御试时,第一次看见了年近五旬的真宗皇帝。后来还与滕宗谅等人一起荣赴了御赐的宴席。此时,范仲淹二十七岁。

公元一〇二一年,范仲淹被调往泰州。他很快发现当地多年失修的海堤已经坍圮不堪,不仅盐场亭灶失去屏障,而且广阔的农田民宅也屡受海涛威胁。他上书给江淮漕运张纶,痛陈利害,建议重修捍海堤堰。张纶表示赞同,并奏准朝廷,调范仲淹做兴化县令,全面负责治堰。但治堰工程开始并不顺利,多次遭遇困难险阻几乎停工,范仲淹始终临危不惧,终于令一道绵延数百里的坚固长堤横亘在黄海滩头。盐场和农田的生产从此有了保障,往年受灾流亡的数千民户又返回家园。人们感激兴化县令范仲淹的功绩,都把海堰叫作"范公堤"。

公元一〇二六年,母亲谢氏病故。范仲淹含泪服丧,回南京居住。当时南京留守官晏殊便邀请他协助主持应天府学的教务。在范仲淹的主持下,应天府书院的学风很快焕然一新。四面八方前来就读和专意向范仲淹请教的人,络绎而至。范仲淹热诚接待,不倦地捧书为他们讲授。有时,还用自己的微薄俸禄招待他们吃饭,以致自己家中窘迫不堪。范仲淹联络和帮助过许多著名的学者,或邀聘他们到自己的管界主持教务,或荐举他们出任朝廷的学官,或指点他们走上治学之路。而经他指教和影响过的很多人都各有所成。

公元一〇二八年,范仲淹服丧结束,在晏殊举荐下做了秘阁校理。秘阁校理之职,实际上属于皇上的文学侍从。在此,不但可以经常见到皇帝,而且能够了解到很多朝廷机密。对一般官僚来说,这可是难得的飞黄腾达之捷径。然而范仲淹一旦了解到朝廷的某些内幕,便大胆介入险恶的政治斗争,全然不顾个人的仕途安危。此后历经仕途起伏,他屡次因功拔擢,又屡因忠直被贬,曾三次由京官贬至地方。

公元一〇三八年起,党项族建西夏国,频频犯边,而宋将无能。朝廷几经商议决策,最终征召范仲淹进京恢复旧职,派遣边疆。五十二岁的范仲淹匆匆进京面辞仁宗后,便挂帅赶赴延州。他用兵谨慎,多有奇谋,曾经只用十天,便忽然在西夏防地旁边筑起一座新城,便是著名的大顺城。等到西夏察觉,宋军已经以大顺城为中心,构成堡寨呼应的坚固战略体系。

范仲淹戍边期间,不仅稳定了西北边疆局势,而且训练出一批强悍敢战的士兵,西北军中也涌现出许多像狄青、种世衡那样有勇

有谋的将领,直到北宋末年,这支军队仍是宋朝的一支劲旅。

西夏叛宋后,各地反抗朝廷的暴动纷然而起。急待稳定政局的仁宗皇帝,将范仲淹、欧阳修及众多忠良之臣调回京师,并任命范仲淹为宰相,开始了政治革新。然而没过多久,宋夏之间正式议和,政治危机消弭,仁宗对于改革的兴致便渐渐淡漠起来。

公元一○四五年初,宋仁宗下诏废弃一切改革措施,范仲淹被撤去要职,实行仅一年有余的各项新政也被先后取缔。范仲淹革除弊政的苦心孤诣,转瞬间付之流水。

范仲淹五十八岁那年的冬天到邓州做知州。正是在邓州期间,范仲淹写下名传千古的《岳阳楼记》。人生暮年,忠直被谤,几经起落,他毫无哀怨之言,依旧慨然抒志——"不以物喜,不以己悲"、"先天下之忧而忧,后天下之乐而乐"。

公元一○五二年,范仲淹六十四岁,被调往颍州,但只赶到徐州便溘然长逝。死讯传开,朝野上下一致哀痛。包括西夏甘、凉等地的各少数民族人民,都成百成千地聚众举哀,连日斋戒。凡是他从政过的地方,老百姓纷纷为他建祠画像,数百族人来到祠堂,像死去父亲一样痛哭哀悼。

北宋皇帝闻讯后,追加范仲淹为兵部尚书,并亲自书写褒贤之碑。范仲淹谥文正,封楚国公、魏国公。有《范文正公集》传世。

【评论】

范仲淹一生勤奋、正直、为国为民,赢得了生前后世几代人的敬仰,而他写下的"先天下之忧而忧,后天下之乐而乐"的千古名句,既是他一生所追求的为人准则,也成为历代仁人志士学习和效法的典范。朱熹称他为"有史以来天地间第一流人物",后人用范仲淹为前贤题写的词句来赞颂他:"云山苍苍,江水泱泱,先生之风,山高水长。"

第八章 齐家先修身,正己而后正人

【原文】

所谓齐其家在修其身者:人①之②其所亲爱而辟③焉,之其所贱恶而辟焉,之其所畏敬而辟焉,之其所哀矜④而辟焉,之其所敖⑤情而辟焉。故好而知其恶,恶而知其美者,天下鲜矣!

故谚有之曰:"人莫知其子之恶,莫知其苗之硕。"

此谓身不修不可以齐其家。

【注释】

① 人:指的是众人。

② 之:"于",对于。

③ 辟:偏颇,偏向。

④ 哀矜:同情,怜悯。

⑤ 敖:骄傲。

【译文】

经文上说管理好家庭和家族必须要先修养好自身的品德:这是因为人们对于自己亲近、喜爱的人常常会有偏爱;对于自己轻贱、厌恶的人常常会有偏恨;对于自己畏惧、恭敬的人常常会有偏向;对于自己同情、怜惜的人常常会有偏心;对于自己轻视、怠慢的人常常会

有偏见。所以，喜欢一个人又能认识到那个人的缺点，厌恶一个人又能认识到那个人的优点，这种人天下很少见了。

因此有句谚语说："人都不能察觉自己孩子的过失，人都不满足于自己庄稼的苗壮。"这就是说不修养好自己的品德就不能管理好自己的家庭和家族的道理。

【故事】

"无赖"天子难齐家

"刘季固多大言，少成事。"这句话出自忠心耿耿辅佐刘邦取得天下的萧何之口。

刘邦出身草莽而夺取天下，固然因其豁达豪杰，知人善任，但确也有风云际会的因素，刘邦本人其实是不学无术的典型，以致后人对其有"世无英雄，遂使竖子成名"的评价。

刘邦的妻子叫吕雉，是吕公的女儿，吕公和家乡的人结了仇，带着全家人来到沛县，投奔自己的好朋友——沛县的县令。吕公刚到，沛县的许多上层人物就听说了他和县令的关系，于是纷纷上门拜访，藉机巴结拉拢。

有次吕公大宴宾客，由于客人很多，当时任沛县主簿的萧何就宣布了一条规定：凡是贺礼不到一千钱的人，一律到堂下就座。刘邦身无分文，却大声喊道："我出贺钱一万！"吕公听见，赶忙亲自出来迎接他。熟悉刘邦的萧何对吕公解释："刘邦平时就喜欢说大话，很少做实事。"可是吕公一见刘邦器宇轩昂，不但没有生气，反而请刘邦入上席就座。散席之后，还不顾夫人的极力反对，硬是将女儿嫁给了刘邦，这就是后来历史上有名的吕后。

楚、汉相争之时，刘邦曾经兵败彭城，在混乱当中，刘邦驾车逃命,他的一子一女也在车上。楚军追得很紧,刘邦嫌车子太重跑不快,竟然将两个孩子推下车去。部将夏侯婴恰好看见,急忙把孩子放回车中,刘邦又推下去,如此反复了三次。刘邦急得大叫:"我自己都已经这样危急了,怎么能为了管这两个孩子,丢了自己的性命?"

夏侯婴也大声反驳说:"这可是大王的亲骨肉,怎么能不管呢?"刘邦情急之下,拔剑就去砍夏侯婴。夏侯婴万分无奈,只好把两个孩子挟起跟着逃跑。这样当父亲的可真是天下少有了。

楚、汉两军对峙时,项羽曾经抓住了刘邦的妻子和老父亲,想用他们来要挟刘邦。一次,项羽直接把刘邦的父亲推到阵前,并准备了一口大锅,对刘邦说:"如果你再不撤兵,我现在就把你的父亲煮了。"谁知刘邦根本就不在乎,竟然对项羽喊道:"我和你曾经结拜过兄弟,我爸爸就是你爸爸,你现在要是想把你爸爸煮来吃,别忘了分我一碗肉汤喝啊!"面对这样的无赖,十分好面子又有妇人之仁的项羽能有什么办法呢?只好把刘邦的父亲给放了。这样当儿子的恐怕也是独一无二了。

刘邦自己不读书,也非常瞧不起读书的儒生,曾经当众把儒生的帽子拿下来往里面撒尿以示羞辱。夺取天下建立汉室之后,他也曾直接公开地把一众将领比喻成是一群猎狗。这样当国君的世上又有几个呢?

看起来缺乏修养难以为父为子为君的刘邦最终做了皇帝,尊老父为太上皇,立吕氏为后,他与吕后所生的儿子刘盈则立为太子。

刘邦虽然立吕氏为后,却一心专宠戚夫人和她的儿子赵王如意,甚至多次动念废掉性格柔弱的太子刘盈,想改立赵王为太子。

刘邦死后,惠帝尚年少,性格强硬残忍的吕后掌握了实权。她把戚夫人打入冷宫,囚禁在特别的监狱里,把她原本美丽的头发全部扯下来,用铁链拴住脖子,穿上粗笨的囚衣,让她天天捣米。为了

防止戚夫人自杀，还派官兵日夜看守。

戚夫人每日每夜地捣米，一边捣米一边流着泪唱歌：

子为王，母为虏！

终日春，薄暮常与死相伍！

相离三千里，谁当使告汝！

戚夫人还盼着儿子来救她，却不知道吕后早已开始了斩草除根的计划。

吕后先是以朝廷的名义征召刘如意入宫。受刘邦生前重托，誓死保护刘如意的周昌明白吕后的险恶毒心，以刘如意生病为由三次拒绝了征召。周昌德高望重，还曾经对皇太子有恩，所以暂时不好下手。最终吕后采取迂回战术，征召周昌进宫。周昌前脚刚离开赵国，吕后又下了一道命令征召刘如意。刘如意只好前往。

当时的惠帝刘盈，也就是赵王的哥哥，性格温厚善良，他知道太后的计划，为了保护弟弟，就亲自到城外去迎接赵王，并且从这一天开始，饮食起居，片刻不离。以致几个月的时间过去，吕后始终找不到机会下手。然而某个早晨，刘盈照例要去练习射箭，本来要和弟弟刘如意一起去的，但是弟弟睡得极熟，怎么叫也叫不醒，就只好自己先去了。片刻之后再回来，刘如意就已经被吕后毒死。

杀死赵王之后，吕后开始变本加厉地折磨戚夫人。她下令砍掉戚夫人的双手双脚，把她的眼珠挖了出来，给她喝下哑药，再叫人用烟把戚夫人的耳朵熏聋，最后命人把惨不忍睹的戚夫人扔进了茅厕里。做完这一切，吕后居然得意地把这件"作品"取了个名字叫作"人彘"，并且派人把自己的儿子刘盈请过来一起欣赏"人彘"。当刘盈知道面前那个黑糊糊的肉团就是曾经貌美如花能歌善舞的戚夫人时，立刻精神崩溃，放声大哭，喊道："这不是人干的事情，我是太后的儿子，我拿太后没有办法，但是我已经不能够再当这个皇帝了!"从此以后,刘盈不理朝政,终日在宫中作乐,年仅二十四岁就忧愤而死了。

【评论】

　　刘邦虽贵为天子,却没有做到修身齐家。他为了达到目的不择手段,在征战时能置父亲、妻子和一对儿女的安危于不顾,得到天下后也没有让自己的家庭成员和睦相处;一旦身死,反而为最疼爱的夫人与幼子带来惨绝人寰的结局,长子也因对亲生母亲灭绝人性的行为绝望而去世。这个获得最尊荣地位与富贵的家庭没有任何人获得幸福。

第九章　治国先齐家，不出家而成教于国

【原文】

　　所谓治国必先齐其家者：其家不可教，而能教人者，无之。故君子不出家，而成教于国。孝者，所以事君也；悌^①者，所以事长也；慈^②者，所以使众也。

　　《康诰》曰："如保赤子。"^③心诚求之，虽不中^④，不远矣。未有学养子而后嫁者也。

　　一家仁，一国兴仁；一家让，一国兴让；一人贪戾，一国作乱。其机^⑤如此，此谓一言偾^⑥事，一人定国。

　　尧舜帅^⑦天下以仁，而民从之。桀纣帅天下以暴，而民从之。其所令反其所好，而民不从。是故君子有诸^⑧己而后求诸人。无诸己而后非诸人。所藏乎身不恕而能喻^⑨诸人者，未之有也。

　　故治国在齐其家。

　　《诗》云：^⑩"桃之夭夭^⑪，其叶蓁蓁^⑫，之子^⑬于归^⑭，宜其家人。"宜其家人，而后可以教国人。

　　《诗》云："宜兄宜弟。"宜兄宜弟，而后可以教国人。

　　《诗》云："其仪不忒^⑮，正是四国^⑯。"其为父子兄弟足法，而后民法之也。

　　此谓治国在齐其家。

① 悌：指弟弟应该恭敬服从哥哥。

② 慈：指父母爱子女。

③ 如保赤子：《尚书·周书·康诰》原文作"若保赤子"。这是周成王告诫康叔的话，意思是爱护民众就如母亲养护婴孩一样。赤子，初生婴儿。

④ 中：目标达成。

⑤ 机：本来是指弩箭上的发动机关，引申为关键。

⑥ 偾：败坏，破坏。

⑦ 帅：同"率"，率领，统帅。

⑧ 诸："之于"的合音。

⑨ 喻：晓谕，开导，使别人明白。

⑩ 桃之夭夭……：引自《诗经·周南·桃夭》。

⑪ 夭夭：鲜嫩，美丽。

⑫ 蓁蓁：枝叶茂盛的样子。

⑬ 之子：出嫁的这个女子。

⑭ 于归：归指女子出嫁。

⑮ 忒：差错。

⑯ 四国：四方各国。

【译文】

经文上说要把国家治理好就必须先把自己的家庭和家族管理好，不能教育好自己的家人而能管教好一国百姓的人，是从来没有的。因此，有修养的人不出家门就能够实现对一国百姓的教化。孝顺父母之道，也就是侍奉君主的原则；恭敬兄长之道，也就是侍奉官长的原则；慈爱子女之道，也就是统治民众的原则。

《康诰》上说:"如同爱护婴儿一样地爱护民众。"如果是内心真诚地这样追求,即使不能完全达到目标,也不会相差太远的。要知道,从来没有先学会了养孩子再出去嫁人的啊!

国君一家仁爱和睦,整个国家也会兴起仁爱之风;国君一家礼让互敬,整个国家也会变得礼让成风;一国之君贪婪暴戾,全国民众就会犯上作乱。它们之间的关系就是这样紧密。这就叫作:一句话可以败坏整个事业,一个人能够安定整个国家。

尧、舜用仁爱统治天下,老百姓就跟从他们实行仁爱;桀、纣用暴力统治天下,老百姓就跟从他们学凶暴不仁。统治者命令百姓仁爱恭顺而自己却残暴不仁,百姓是不会服从的。所以,品德高尚的人,应该自己先做到了,然后才要求别人做到;自己先不做的,然后才要求别人不做。如果自己不采取这种推己及人的恕道的行为,却想让别人实行恕道,那是不可能实现的。所以,君主要治理好国家必须先治理好自己的家庭和家族。

《诗经》说:"桃花鲜艳美丽,树叶茂密成荫,这个姑娘嫁来了,全家人都欢乐和睦。"能够让全家人都和睦的人,才能够让一国的百姓都和睦安宁。《诗经》说:"兄弟和睦。"能够关怀兄长友爱弟弟的人,才能够让一国的百姓都恭敬友爱。《诗经》说:"他的容貌端庄、举止严肃,可以作为四方各国的表率。"只有当一个人无论是作为父亲、儿子,还是兄长、弟弟时都能成为榜样,百姓们才会去效法他。这就是要治理好国家就必须先要治理好自己的家庭和家族的道理。

【故事】

郑庄公其乐融融

春秋时期,郑国国君郑武公娶了一个申国的妻子,名叫武姜。

武姜为郑武公生下了两个儿子，庄公和共叔段。

长子庄公出生时难产，武姜承受了巨大的痛苦和惊吓，认为这个孩子给母亲带来灾难，属于忤逆不孝，因此给他取名叫"寤生"，从开始就非常不喜欢他。

生下共叔段之后，武姜更是把所有的慈心与宠爱都倾注到了段的身上，不仅在生活中偏爱他，而且千方百计想立共叔段为世子继承王位。为此她曾多次向武公请求，但是武公最终都没有答应。

武公死后，庄公即位，武姜就替共叔段请求分封到制邑去。庄公说："制邑这个地方十分险要，而且凶恶不祥，当初虢叔就是死在那里的，若是换成其他城邑，我都可以照吩咐办。"武姜于是又请求把京邑封给段，庄公就答应了，他让段居住在那里，称为京城太叔。

大夫祭仲知道后非常不赞同，他对庄公说："分封都城的城墙如果超过三百方丈长，就会成为国家的祸害。先王的制度规定，国内的最大城邑不能超过国都的三分之一，中等城邑不得超过国都的五分之一，小城邑不能超过国都的九分之一。可是现在，京邑的城墙比国都的还要长，根本就不应该分封，这样不符合法制，您的利益必然会受到损害。"

庄公说："是姜氏一定要这样，即便知道会造成祸害，我又能怎么办呢？"

祭仲回答说："姜氏哪里会有满足的时候！不如及早防范处理，别让祸根滋长蔓延，将来就更加难以处置了。蔓延生长的野草尚且很难铲除干净，何况是您那受到特别宠爱的弟弟呢？"

庄公则说："一个人如果做多了不义的事情，必定会招致自己的毁灭，你姑且等着看吧！"

共叔段到了京城，马上就开始修缮城墙，扩充训练军队。过了不久，共叔段为了扩大势力，又让原来属于郑国的西边和北边的边

邑既属于郑，又听命于自己，成为两属之地。

臣子们对共叔段的行为十分不满，公子吕就对庄公说："一个国家不能有两个国君，现在您究竟是怎么打算的？您如果已经打算好了要把郑国交给太叔，那么请让我现在就去服侍他好了；如果您并不打算给他，那么就请您除掉他，不要使群臣、百姓产生疑虑。"

庄公仍然回答说："不用管他，他自己必然会遭到灾祸的。"

庄公对共叔段放任不管，过不久，共叔段就又把另外两处地方改为自己统辖的地方。他统治的边界不断扩展，一直到达了廪延。公子吕越加忧虑，劝庄公说："现在应该可以行动了吧！太叔的土地这样不断地扩大，他将会得到老百姓的拥护。"

庄公仍然不慌不忙地说："一个人对自己的君主不义，对自己的兄长不亲，他的土地虽然扩大，最终也一定会垮台。"

这时候，共叔段已经修整好城郭，囤聚了充足的粮食，储备了盔甲兵器，准备好了步兵和战车，伺机偷袭郑国国都夺取王位。而一直与他联络谋划这件事的武姜，此时也早已经做好准备，要为共叔段里应外合打开城门。

而这一切始终都在庄公的注视与掌握之下。庄公知道了共叔段偷袭郑的日期之后，终于说："可以出击了！"命令子封率领着两百辆战车，去讨伐京邑。京邑的人民很快就背叛了共叔段，共叔段溃败之下，逃到鄢城。庄公又率领兵马追到鄢城继续讨伐他。五月二十三日，共叔段逃到共国。也是因此，后人称他为共叔段。

共叔段的叛乱平息之后，庄公想到母亲姜氏一直参与这件事且还是主要的谋划者，非常愤怒。他把武姜安置到城颍去，并且发下重誓说："不到黄泉，绝不相见！"

但是没过多久，庄公就后悔了。

当时颍谷负责管理疆界的官吏非常贤德，人们称他为颍考叔。

颍考叔听说了这件事，就去觐见郑庄公，并向他奉献贡品。庄公于是赐给他饭食，与他闲谈。他发觉颍考叔在吃饭的时候，把肉都挑出来放到一边留着，就问他为什么这样做。颍考叔答道："小人家中有一个年老的母亲，我吃的东西她都吃过了，只是还从未吃过君王的肉羹，因此请让我把这些带回去送给她吃。"

庄公听了这话更加惆怅，说："你尚且有个老娘可以孝敬，唉，唯独我就没有亲人！"

颍考叔故意问他："请问您为什么这么说呢？"庄公就把自己发过的誓言告诉了他，还告诉颍考叔他后悔的心情。

颍考叔回答道："这个您有什么忧虑呢？只要掘入地下挖条隧道，并且在里面挖出泉水，然后在那里母子相见，天下又有谁能指责您违背誓言了呢？"

庄公听了非常高兴，就依颍考叔的话，让人挖了一条隧道，隧道里有泉水流出。庄公走进隧道去见武姜，母子终于得以相见，庄公赋诗道："大隧之中，其乐也融融！"

武姜随庄公走出地道，也赋诗道："大隧之外，其乐也泄泄！"姜氏和庄公从此恢复了母子关系。

【评论】

共叔段叛乱这件事，责任究竟在谁呢？除了他自身的贪婪好勇之外，可能主要是武姜的溺爱。然而谁又能说庄公没有责任呢？身为兄长和国君，对弟弟和臣下本就有教养管束之责；即便教养无用，如果在叛乱发生之前予以制止，又岂会造成一家离散、百姓遭殃的结果？

再往前推，则可以推到武公之时，他虽然没有答应姜氏的非分之想，但是身为一家之长，首先没有缓和姜氏与庄公的母子关系，其

次没有做到对共叔段的教养,任由姜氏对他宠溺成祸。正所谓家不齐,所以国不治。而庄公最终能够放下嫌隙,弥合与母亲的关系,展现出其乐融融之景,又何尝不是为全国百姓做出了表率?即便是后世读者,读到这里也是顿感欣慰吧?这就是欲治国先要齐家的道理。

第十章　平天下先治国，兼济天下，世界和平

所谓平天下在治其国者：上老老①，而民兴孝；上长长②，而民兴弟；上恤③孤④，而民不倍⑤。是以君子有絜⑥矩之道也。

所恶于上，毋以使下。所恶于下，毋以事上。所恶于前，毋以先后。所恶于后，毋以从前。所恶于右，毋以交于左。所恶于左，毋以交于右。此之谓絜矩之道。

《诗》云："乐只君子，民之父母⑦。"民之所好好之；民之所恶恶之。此之谓民之父母。《诗》云："节彼南山，维石岩岩。赫赫师尹，民具尔瞻。"⑧有国者不可以不慎。辟则为天下僇⑨矣。《诗》云："殷之未丧师，克配上帝。仪监于殷，峻命不易。"⑩道得众，则得国；失众，则失国。

是故君子先慎乎德。有德，此⑪有人；有人，此有土；有土，此有财；有财，此有用。德者本也，财者末也，外本内末，争民施夺⑫。是故财聚则民散，财散则民聚。是故言悖⑬而出者，亦悖而入；货悖而入者，亦悖而出。

《康诰》曰："惟命不于常。"道善则得之，不善则失之矣。

《楚书》⑭曰："楚国无以为宝；惟善以为宝。"舅犯⑮曰："亡人⑯无以为宝，仁亲以为宝。"

《秦誓》⑰曰:"若有一介臣,断断⑱兮无他技,其心休休⑲焉,其如有容焉。人之有技,若己有之;人之彦圣⑳,其心好之,不啻㉑若自其口出。实能容之,以能保我子孙黎民,尚亦有利哉。人之有技,媢㉒疾以恶之,人之彦圣,而违㉓之俾㉔不通:实不能容,以不能保我子孙黎民,亦曰殆哉。"唯仁人放流㉕之,迸㉖诸四夷,不与同中国。

此谓唯仁人,为能爱人,能恶人。见贤而不能举,举而不能先,命㉗也。见不善而不能退,退而不能远,过也。好人之所恶,恶人之所好,是谓拂㉘人之性。灾必逮㉙夫身。是故君子有大道,必忠信以得之,骄泰㉚以失之。

生财有大道。生之者众,食之者寡,为之者疾,用之者舒,则财恒足矣。仁者以财发身㉛。不仁者以身发财㉜。未有上好仁而下不好义者也;未有好义其事不终者也;未有府库㉝财非其财者也。孟献子㉞曰:"畜马乘㉟不察于鸡豚,伐冰之家㊱不畜牛羊,百乘之家㊲不畜聚敛之臣㊳。与其有聚敛之臣,宁有盗臣。"此谓国不以利为利,以义为利也。长国家㊴而务财用者,必自小人矣。彼为善之,小人之使为国家,灾害并至。虽有善者,亦无如之何㊵矣!此谓国不以利为利,以义为利也。

【注释】

① 老老:用老人应该得到的尊敬关怀对待老人。前一个"老"字做动词。

② 长长:用长辈应该得到的尊重恭顺对待长辈。前一个"长"字做动词。

③ 恤:体恤,周济。

④ 孤:古时候专指幼年丧父的人。

⑤ 倍:同"背",背弃。

⑥ 絜矩之道:儒家伦理思想之一。指君子的一言一行要有示范作用。絜,量度。矩,画直角或方形用的尺子,引申为法度,规则。

⑦ "乐只君子,民之父母":引自《诗经·小雅·南山有台》。乐,快乐,喜悦。只,语助词。

⑧ "节彼南山……":引自《诗经·小雅·节南山》。节,高大的样子。岩岩,险峻的样子。

⑨ 僇:通"戮",杀戮。

⑩ "殷之未丧师……":引自《诗经·大雅·文王》。师,民众。配,符合。仪,宜。监,鉴戒。峻,大。不易,指难保。

⑪ 此:乃,才。

⑫ 争民施夺:争民,与民争利。施夺,施行劫夺。

⑬ 悖:逆。

⑭ 《楚书》:楚昭王时的史书。楚昭王派王孙圉出使晋国。晋国赵简子问楚国珍宝美玉现在怎么样了。王孙圉答道:楚国从来没有把美玉当作珍宝,只是把善人如观射父(人名)这样的大臣看作珍宝。事见《国语·楚语》。

⑮ 舅犯:晋文公重耳的舅舅狐偃,字子犯。

⑯ 亡人:流亡在外的人,指重耳。晋僖公四年十二月,太子申生被陷害逼迫自缢而死,重耳避难逃亡。后来,晋献公逝世,秦穆公派人劝重耳回国掌政。重耳将此事告诉了子犯,子犯以为不可,就对重耳说了这几句话。事见《礼记·檀弓下》。

⑰ 《秦誓》:《尚书·周书》中的一篇。

⑱ 断断:真诚的样子。

⑲ 休休:宽宏大量、安闲自得的样子。

⑳ 彦圣:指德才兼美的人。彦,美。圣,明。

㉑ 不啻:不但,不仅。

㉒ 媢疾:妒嫉。

㉓ 违:违逆,阻抑。

㉔ 俾:使。

㉕ 放流:流放。

㉖ 迸:"屏",驱逐。

㉗ 命:东汉郑玄认为应该是"慢"字之误。慢即轻慢。

㉘ 拂:逆,违背。

㉙ 逮:及,到。

㉚ 骄泰:骄横放纵。

㉛ 发身:提高修养,完善品行。

㉜ 发财:聚敛财富。

㉝ 府库:国家收藏财物的地方。

㉞ 孟献子:鲁国大夫,姓仲孙名蔑。

㉟ 乘:指用四匹马拉的车。畜马乘是士人初做大夫官的待遇。

㊱ 伐冰之家:指丧祭时能用冰保存遗体的人家。是卿大夫类大官的待遇。

㊲ 百乘之家:拥有一百辆车的人家,指有封地的诸侯王。

㊳ 聚敛之臣:搜括钱财的家臣。聚,聚集。敛,征收。

㊴ 长国家:成为国家之长,指君王。

㊵ 无如之何:没有办法。

【译文】

经文上说要平定天下先要治理好自己的国家:在上位的人尊敬老人,百姓就会孝顺自己的父母;在上位的人恭敬长辈,百姓就会尊重自己的长者;在上位的人体恤孤儿,百姓也会同样仿效去做。所以,品德高尚的人一言一行都具有示范作用。

如果你厌恶在上位的人的某种行为,就不要用同样的做法去对待你下面的人;如果你厌恶下面的人的某种行为,就不要用同样的做法去对待在上位的人;如果你厌恶以前的人对你所做的事,就不要用同样的事去对付后面的人;如果你厌恶后面的人对你所做的事,就不要用同样的事去对付前面的人;如果你厌恶右边的人对你所做的事,就不要用同样的方式与你左边的人交往;如果你厌恶左边的人对你所做的事,就不要用同样的方式去与你右边的人交往。这就叫作"洁矩之道"。

《诗经》说:"让人心悦诚服的美好国君啊!是百姓的父母。"百姓喜欢的他也喜欢,百姓厌恶的他也厌恶,这样的国君就可以说是百姓的父母。

《诗经》说:"巍峨的南山啊!峰峦险峻。显赫的尹太师啊!百姓都抬头把你仰望。"统治国家的人不能不谨慎从事。邪僻失道,就会被天下人推翻杀戮。

《诗经》说:"殷朝没有丧失民心的时候,行事能够与上天的意志相符。请把殷朝的覆灭作为鉴戒吧!守住天命并不是容易的事。"这就是说,得到民心就能得到国家,失去民心就会失去国家。

所以,品德高尚的君子首先注重修养美好德行。有德行才能拥有民众的拥护,有民众的拥护才能拥有土地,有了土地才会拥有财富,有了财富才能有足够的日用。德性是根本,财富是枝末,如果将根本当成了外在枝末,将枝末当成了内在的根本,那样就会导致统治者与百姓争夺利益。因此,财富若聚集在君王手中,就会百姓流散、民心涣散;君王若能做到将财富散与民众,就能使百姓聚集民心一致。因此,说出去的话或者公布出去的政令如果不讲道理,对方

或百姓也会用不讲道理的语言和方式来回答你；如果财富是以违背公理道德的方式聚敛而来，总有一天也会以不正常的方式失去。

《康诰》说："只有天命不会始终如一长久不变。"谋求善、施行善就能够得到天命，拒绝善、违背善则会失去天命。

《楚书》说："楚国没有什么可以当作珍宝的，只是把善当作珍宝。"晋文公的舅舅子犯说："在外流亡的人是没有什么可以当作珍宝的，只是把热爱亲人当作珍宝。"

《秦誓》说："如果有这样一位耿介的臣子，他忠诚老实，没有什么特别的技能，但他安然自适，心胸宽广，有容人的肚量。别人有技能，就好像他自己有一样；别人德才兼备，他从心里赞赏喜欢，不光只是在口头上表示喜欢而是实实在在地容纳。这种人如果能够得到重用，是可以保护我的子子孙孙和黎民百姓的，而且是可以为他们造福的啊！相反，如果别人有本领有才能就妒嫉厌恶；别人德才兼备就想方设法排挤压制，使他们不能顺达。这种不能容人的人是不能被重用的，因为他一定不会保护我的子孙和百姓，而且实在是很危险的！"只有仁德的人才有能力把这种人流放，驱逐到边远的四夷之地去，不让他们与仁德的人们同住在中原。

这就是说，只有仁德的人能够做到热爱好人，憎恨恶人。发现贤才而不去举荐，举荐了贤才而不能尽早得以重用，这是轻慢；发现不好的人而不能罢免斥退，斥退了而不能把他驱逐流放得远远的，这是过错。喜欢众人所厌恶的，厌恶众人所喜欢的，这是违背人的天性，灾难就一定会降临。所以，做国君的人有修身治国的正确途径：一定要做到忠诚信义，才能获得天命；若骄奢放纵，则会失去一切。

累积财富也需要有正确的途径。要让生产创造的人多，使用消耗的人少；要让生产的人勤劳，消费的人节俭。这样，财富便会保持长久充足。仁爱的人用财富来提高完善自身的德行修养而得民,不仁的人不惜用生命代价来聚敛财富。没有在上位的人好仁而在下位的人却不好义的;没有好义的人做事却不成功的;没有府库里的财物不属于国君的。

孟献子说:"拥有马匹和车子的大夫之家,就不要再去关心养鸡养猪的小利益了;祭祀用冰的卿大夫之家,就不要再去注重养牛养羊的收获了;拥有一百辆兵车的诸侯之家,就不应该再养活聚敛民财的家臣了。与其有聚敛民财的家臣,还不如有偷盗东西的家臣。"这就是说,一个国家不应该以聚敛财富为有益,而应该以仁义为有益。身为国君掌管着国家的命运却还一心致力于聚敛财货,一定是来自小人的诱导。如果国君还以为这些做法是好的,让这样的小人去处理国家大事,结果就会是天灾人祸一齐降临。到了那个时候,即使有贤能的人出来挽救,却也无济于事了! 所以,一个国家不应该把财货当作利益,而应该把道义当作利益。

【故事】

崇祯皇帝灭身亡国

崇祯是明朝最后一个皇帝,也是汉人统治的最后一任皇帝,历史上著名的亡国之君。而据历史记载,崇祯皇帝勤于朝政,生活简朴,总是天没亮就起来,夜深了还不睡,导致积劳成疾。他节俭自律,不近女色,对自己几乎到了苛刻的程度。这样一个励精图治的皇帝怎么会亡国呢? 他究竟是个什么样的人呢?

崇祯初年,为了节省国家开支,他下令裁撤了驿站,结果导致大批失业驿卒因无法生存而纷纷加入了农民起义的队伍,其中有一个驿卒就是后来闻名天下的李自成。但是,这样节省下来的开支也只

相当于皇宫一个月的支出(三十万两银子)。

同时,明朝战事不断,国库空虚,崇祯就依照军需情况大幅增征所谓"三饷"赋税。三饷是赋役征收之外的掠夺性财政措施,由于加派额直线上升,很快就引起了社会动荡,民间的起义不断。眼看着国库空了,老百姓又已经完全没有油水可榨,崇祯开始号召皇亲国戚、文武百官募捐银两,以至于为四十万两银子逼死了皇亲武清侯李国瑞,使得外戚联合起来抵制募捐。

万般无奈之下,崇祯又直接要求国丈周奎捐出十万作为表率。周奎坚持说自己拿不出这笔钱,直到最后,才勉强答应捐献一万两。崇祯嫌少,要他增加到两万。周奎不敢继续讨价还价,就悄悄进宫去向女儿求救,周皇后答应帮他出五千。可是,就连这出自崇祯内库的钱,周奎也只捐了三千,自己扣下两千。最后,崇祯采取摊派的方法,每个地方、每个人出多少,但是,满朝竟无人达标。就这样大张旗鼓,也总共才募集了二十万两。

崇祯十六年,李自成在西安建立大顺政权,相继攻陷平阳、太原,眼看着北京岌岌可危。崇祯调吴三桂紧急入卫北京,吴三桂提出需要军费大约一百万两银子,国库里当时却只有四十万两。大臣们上书要求崇祯先从他的个人财产中拿出钱来权充军饷,崇祯顾左右而言他,始终没有拿出一分一厘来保卫他自己的江山。李自成占领北京之后,仅从崇祯宫里搜出的白银居然就有三千七百多万两,黄金和珠宝还不在其中。

经济财政状况如此,政治军事又如何呢?

努尔哈赤势力强大之后,明朝与满清之间战事连绵,当时最著名的抗清将领就是袁崇焕。他到辽东时,明朝军队已经历了多次惨败,背后的朝廷上是屈杀忠良的权奸、嫉功妒能的言官;手下是一批饥饿羸弱的兵卒和马匹。将官不全,兵器残缺,领不到粮,领不到饷，这就是袁崇焕所面对的艰巨局面。

当时明军一切守御设施都集中在山海关。袁崇焕提出了将防线向北移的战略，他来到山海关外两百多里的宁远，当即筑城，次年完工，城高墙厚，成为关外的重镇。就是这座城墙把满清重兵挡在山海关外长达二十一年之久。而且正是在这里，袁崇焕指挥明军打赢了两次大战，称为宁远大捷。

在此期间，袁崇焕提出了守辽的基本战略。然而朝廷屡屡欠饷，导致多次兵变；崇祯又不顾形势，妄自尊大，坚持不肯议和，终于激怒了皇太极。

崇祯二年，皇太极亲自带兵十多万，避开袁崇焕的防守，由蒙古兵做先导，绕道西路进攻。清军透过三河、顺义，由通州渡河，直攻北京。袁崇焕两天两夜急行军三百多里，在广渠门外与清军恶战了八小时，清兵终于不支败退，退到了十多里之外。袁崇焕知道这一仗属于侥幸获胜，在军事上并不可取，尤其在京城外打仗，更是危险至极，不能贪图侥幸。他对手下说："按照兵法，侥幸得胜，比打败仗还要不好。"袁崇焕因为急于救援，带来的兵力比较少，他想等到集结大规模兵力之后，对清兵进行彻底的反击。皇太极这次孤军深入，已经犯了兵法大忌，按照袁崇焕的想法，完全有可能将满清部队一次性击溃。

就在这个时候，崇祯居然中了皇太极的"离间计"，把袁崇焕关入了监狱。得到袁崇焕下狱的消息，皇太极大喜，立即自良乡回军，至卢沟桥，迫近北京永定门。崇祯催促袁崇焕手下大将满桂冒险出战，满桂不得以出兵，全军覆没。袁崇焕手下另一员大将祖大寿本来率军营救京城，看到袁崇焕下狱，立刻掉头冲出山海关向北去了，结果还是被袁崇焕在狱中写信劝了回来，他打算打了胜仗立了功之后救出袁崇焕。他率领部队与清兵交战，收复永平、遵化一带，切断

了清兵后路,逼得清兵不得不退回辽东。

当时从各地赶来北京勤王的部队原本也有很多。袁崇焕入狱,导致各路兵马军心大乱,再加上欠饷和指挥混乱,山西和陕西的两路援军都溃散回乡,成为"流寇"的骨干。从此溃兵加入流寇,使得那些原来只会抢粮、不会打仗的饥民有了军事上的领导,"流寇"也就是在这个时候成长为明朝的威胁的。后来,袁崇焕被凌迟处死。他忠心耿耿,军功卓著,却无罪被杀,使明朝整个军队的士气都受到了非常严重的打击。从那时起,明朝就开始有了整个部队向满清投降的事。

崇祯自杀后,人们发现了他写的遗书,写自己本非亡国之君,无奈诸臣皆是亡国之臣,把身死国灭的责任全部推给了臣下。

【评论】

无休止地搜括百姓,聚敛钱财,增加的却是皇帝自己的私人财产,导致国库空虚,无力支付军费,面临灭国的危险时都不肯拿出自己的钱来救急。崇祯不是节俭,是一种极端的吝啬和贪婪。作为一国之君,身死国灭之时,还要写遗书推卸责任,如此不自知,也是罕见了。任用奸臣,残害忠臣,与民争利,吝啬贪婪,这样的人又哪里能够治国平天下?

《中庸》

中庸

第一章 天地万物的根本

【原文】

天命①之谓性,率性②之谓道,修道③之谓教④。

道也者,不可须臾⑤离也;可离非道也。是故君子戒慎⑥乎其所不睹,恐惧乎其所不闻。莫⑦见⑧乎⑨隐,莫显乎微。故君子慎其独也。

喜、怒、哀、乐之未发,谓之中;发而皆中节⑩,谓之和。中也者,天下之大本也;和也者,天下之达道也。

致⑪中和,天地位焉,万物育焉。

【注释】

① 天命:这里是天赋的意思。朱熹解释说:"天以阴阳五行化生万物,气以成形,而理亦赋焉,犹命令也。"(《中庸章句》)因此,这里的天命(天赋)意思就是上天赋予人的自然禀性。

② 率性:遵循本性而行动,也就是按照天命决定的人性去行动。率,遵循,按照。

③ 修道:按照道的原则来修身以提高自己。

④ 教:教化。

⑤ 须臾:片刻,一会儿。

⑥ 戒慎:谨慎敬戒。

⑦ 莫：在这里是"没有什么更……"的意思。

⑧ 见：显现，明显。

⑨ 乎：于，在这里有比较的意味。

⑩ 中节：符合法度。

⑪ 致：达到。

【译文】

上天赋予人的一切自然禀赋就是本性，遵循着本性行事称之为道，按照道的原则修养自己就是教化。

道，是片刻都不能离开的，如果可以离开，那就不是道了。所以，品德高尚的君子在没有人看见的地方也是谨慎检点的，在没有人听见的地方也是怀着戒惧之心的。没有什么地方比黑暗隐蔽之处更能表露人的天性和修养，没有什么事情比细小幽微之事更能显现人的道德和品格。所以，品德高尚的君子在一人独处的时候也是谨慎约束自己的。

心里有喜、怒、哀、乐却并不表现出来，称之为中；表现出来却能够有所节制合乎法度，就称之为和。中，是达到天下稳定的根本；和，是为人处事所要遵循的共同原则。

达到中和的境界，天地万物便都能够各安其所，生长繁育了。

【故事】

曹参相汉，无为而治

汉高祖刘邦病重的时候，吕后问他："如果萧相国死了，应该让谁来做丞相呢？"刘邦回答："可以让曹参来做。"刘邦死后，萧何继续做丞相辅佐汉惠帝，后来萧何病重，惠帝问他："到您百岁之后，谁可以代替您做丞相呢？"萧何回答说："知臣莫若主。"惠帝就问："曹参怎

么样?"萧何欣慰地说:"皇上您心里已经很清楚了。"

这个时候曹参正在齐国当相国。曹参也是刘邦的沛县老乡,曾与萧何一起当官,后又一起追随刘邦起兵反秦,直至平定天下,建立汉朝。刘邦当了皇帝,封长子刘肥为齐王,同时任命曹参为齐国的相国。

当时天下刚刚平定,齐国有七十座城邑。经过连年战乱之后,民生凋敝,百废待兴。曹参就把当地有名望的老人和读书人都召集起来,询问讨论安定百姓的方法。但是齐国的读书人实在太多了,几乎各个看法不同,曹参不知如何决定了。他听说胶西有位盖公,精通黄老学说,就派人带着厚礼重金把他请来,向他求教。

盖公对曹参说,治理国家的办法贵在清净无为,让百姓们自行安定。至于具体的行政措施,可以依此类推。曹参十分敬服,于是腾出自己的房子,让盖公住在里面。此后,曹参治理国家的要领就是采用黄老的学说,与民休息。所以他当齐国丞相九年,齐国安定,百姓们极力称赞他是贤明的丞相。

曹参在齐国听到萧何去世的消息后,立即吩咐他的手下及家人整理行装,说:"我将要到朝廷去当相国了。"不久,朝廷的征召果然下来了。曹参赴任前,嘱咐继任的齐国丞相说:"要慎重对待齐国的狱市,不要轻易干涉。"

后任丞相说:"难道对治理国家来说,就没有比这件事更重要的了?"

曹参说:"不是这样。狱市是包罗万象藏污纳垢的地方,善恶在这里是并容的,如果严加干涉,扰乱了自然秩序,坏人又去哪里容身呢?而一旦坏人无处存身,岂不是要兴风作浪,威胁到国家的安定吗?我因此把这件事摆在前面交托与你。"

曹参任汉朝相国后,做事情一律遵循萧何制订的法度。他任命官员时，总是挑选一些质朴宽厚而不善文辞的人；发现有关注语言文字和法令条文的细枝末节、一心追求声誉、为人苛刻待人严厉的官吏，就立刻斥退撵走。

曹参自己则不理政事，每天痛饮美酒。卿大夫以下的官吏和宾客们见他这样，都想上门相劝。可是曹参心中有数，只要这些人一到，他就立即拿美酒给他们喝，使他们来不及先开口；等过了一会儿，有人想说些什么，曹参又开始劝酒，直到对方喝醉离去，始终找不到开口劝谏的机会。众人渐渐也就习以为常了。

相国住宅的后花园靠近官吏的宿舍，住在那里的官吏们也是整天饮酒喧闹。曹参的随从官员们很厌恶这件事，于是就请曹参到后花园中游玩，想让他听到之后加以责罚。曹参去了，也听到了，但是让随从官员们失望的是，曹参不但不责罚制止他们，反而叫人取来美酒搬来座席，自己也坐下痛饮欢呼，与那些官吏们隔着墙相应相和。对于他人的小过失，曹参总是隐瞒遮盖，因此相府中平安无事。

曹参的儿子曹窋当时在朝中做中大夫，惠帝埋怨曹参不理政事，怀疑相国是不是因为自己年轻而看不起自己，就对曹窋说："你回家后，私下问问你父亲：'先帝刚刚扔下群臣走了，现今的皇上又很年轻，您身为相国，整天喝酒，遇事也不向皇上请示报告，怎么考虑国家大事呢？'但不要说是我让你说的。"

曹窋回家后，就在闲暇陪伴父亲时，把惠帝的意思婉转地说给曹参听。曹参大怒，打了曹窋两百板子，说："赶快进宫侍奉皇上去，国家大事不是你应该议论的。"

惠帝听说后，责备曹参："为什么要惩治曹窋呢？上次那些话都是我让他规劝您的。"

曹参立刻脱帽谢罪说："请陛下考虑一下，陛下的圣明英武比得上高帝吗？"

惠帝说:"我怎么敢跟先帝相比呢!"

曹参又问:"陛下看我与萧何,谁更贤能?"

惠帝说:"您似乎比不上萧何。"

曹参便说:"陛下这话说得很对啊! 高帝与萧何平定了天下,明确了法令,如今陛下只要垂衣拱手,我与群臣则谨慎遵守各自的职责,大家按部就班,遵循原有的法度而不随意更改,不也就行了吗?"

惠帝无言以对,只能点头说:"好。您去休息吧!"

曹参做了三年的汉朝相国,去世后,追谥为懿侯。当时的百姓这样歌颂曹参:"萧何制订法令,明确划一;曹参接替萧何为相,遵守萧何制订的法度而不改变。曹参施行他那清净无为的做法,百姓因而安宁不乱。""萧规曹随"一词也成为历史上的佳话。

【评论】

曹参为政,清净无为,待人宽厚,选拔官员时极力摒斥严苛之人与名利之徒,他懂得在府中国中容纳人的瑕疵,甚至给奸恶之人以容身之所,他引导百姓按照天地赋予自己的本性行事,而不强加干涉。这些不是恰恰符合孔子一直推崇的中庸之道吗? 实行中庸之道,天地万物便都能够各安其所,生长繁育。汉朝也正是经历了这样的休养生息之累积,方才达到了后世的"文景之治",也才成就了汉武帝的赫赫武功。

第二章　君子遵循的道德

仲尼①曰:"君子中庸②;小人反中庸。君子之中庸也,君子而时中;小人之中庸也③,小人而无忌惮④也。"

【注释】

① 仲尼:孔子,字仲尼。

② 中庸:中,中正,中和,不偏不倚;庸,平常,常道,用。指的是不偏不倚地把握"中"的总原则。

③ 小人之中庸也:应为"小人之反中庸也"。

④ 忌惮:顾忌和畏惧。

【译文】

仲尼说:"君子实行中庸,小人违背中庸。君于之所以能实行中庸,是因为君子能随时做到合度适中,无过无不及,恰到好处;小人之所以违背中庸,是因为小人对自己毫无节制,从来没有顾忌和畏惧之心。"

【故事】

庞涓之死

庞涓是战国时期的魏国人，拜化外高人鬼谷子先生为师，隐居深山学习兵法。和他同学的是齐国人孙膑，两人在此期间同学同住，情谊深厚，便结为兄弟，孙膑年岁大一些，就当兄长，称庞涓为弟。

有一年，山下传来消息，魏国国君用非常优厚的条件招求天下贤才。庞涓决定下山应召，谋求富贵通达。孙膑觉得自己学业不够精熟，而且也舍不得离开老师，就留在山里继续学习。庞涓临走前对孙膑说，如能得到魏国国君的重用，一定会回来迎接他，将来一起建功立业。

庞涓到了魏国，见到魏王，获得信任，执掌魏国兵权。庞涓迅速施展本领，很快就率领魏国军队征服了周围的诸侯小国，并且打败了当时非常强大的齐国军队。魏国势力大大提高，魏国人因此十分崇拜庞涓。庞涓一时志得意满。

而此时孙膑仍在山中学习。他本来就比庞涓勤奋扎实，鬼谷子先生欣赏他的为人，把秘不传人的孙子兵法十三篇详细传授给他，因此，孙膑的才能已经远远超过庞涓了。

魏国国君听说孙膑的才能后，就派人带着丰厚的礼物来到山中，以高规格的礼节热情邀请孙膑下山。孙膑以为这是庞涓信守诺言来请他去共创大业，而庞涓对此事却并不知情。

孙膑到了魏国，第一件事自然是去看望庞涓，并且在他府里住下来。庞涓表面上热情欢迎，但心里很不安，生怕孙膑影响甚至抢走他在魏国的显赫地位。尤其是得知自己下山后，先生已将孙子兵法传授给孙膑，更是产生了强烈的嫉妒之心。

两人一起上朝时，魏王对孙膑敬重有加，当面问庞涓："我想封孙膑先生为副军师，与你同掌兵权，你觉得怎么样？"庞涓内心忌恨，表面却露出欣然的神情，说："我与孙膑既是同窗，又是结义兄弟，孙膑是我兄长，怎么能屈居副职、在我之下呢？不如先拜为客卿，等到他建立功绩，获得国人的尊敬后，再直接封为军师。到那时，我愿意让出自己的职位，居于孙兄之下。"

魏王听了，以为庞涓为人宽厚，并且行事以国家为重，对他非常满意，就把孙膑封为客卿。可是实际上，客卿的意思，一半是宾客，一半是臣属，还不算真正的魏臣，自然也就没有实权，只不过享受一种较高的礼遇而已。

庞涓和孙膑从此朝夕相处，两人每天谈论兵法。庞涓知道孙膑学过孙子兵法，曾找机会向他借来看，但是孙膑告诉他鬼谷子先生只让他看了三天，就收回去了，所以手里没有。

魏王想要试验一下孙膑的才能，就让孙、庞两人在演武场表演阵法。庞涓之阵，孙膑轻易就指出了攻破的办法；而孙膑排的阵，庞涓却完全不认识，为保住面子，只好偷偷问了孙膑，然后回答魏王。魏王看到自己手下有这样两位杰出的将才，自然格外高兴。

但庞涓经过这事，危机感越来越重，于是开始策划除掉孙膑。他派心腹家人假冒齐国人丁乙，带来假的孙膑堂兄的书信，骗得孙膑的回信后，又模仿他的笔迹，在关键地方做了涂改，然后把信交给了魏王，举报孙膑背魏向齐，私通齐国使者。

魏王听了庞涓的话，气恼至极，在第二天上朝时下令抓住孙膑，押到庞涓的军师府中问罪。庞涓故作惊讶，对孙膑说要上朝去替他求情。见到魏王后，劝说魏王赐孙膑刖刑和黥面，即剜下膝盖骨，用黑墨在脸上刺字的刑罚。魏王同意后，庞涓又回到府中，宣布行刑，然后又做出为孙膑受刑泪流满面的样子。行刑过后，庞涓亲自为孙

膑上药包裹，无微不至地照料。

　　孙膑伤口愈合之后，成了不能走路的废人，庞涓更是关心体贴。孙膑过意不去，总想回报庞涓。再三请求后，庞涓才说请他把鬼谷子先生所传的孙子兵法十三篇及注释讲解都写出来。孙膑很痛快地答应了，并夜以继日地在木简上写起兵书来，废寝忘食，劳累不堪。就在这时候，有一个动了恻隐之心的小侍从把实情透露给了孙膑，并且告诉他只要兵书写完，庞涓便会立刻将他置于死地。孙膑大惊心痛之下，便要想办法自保性命，于是便开始装疯。

　　庞涓起初并不相信，用种种办法进行试探后，发现孙膑疯到连猪粪、泥块都吃的地步，这才相信他是真疯了。从此不再拘禁孙膑，任他满身粪水到处乱爬，但仍派人看着，每天报告孙膑的行为与踪迹。

　　当初向魏王推荐孙膑的墨子墨翟知道孙膑是装疯避祸，就把孙膑的境遇都告诉了齐国大将田忌，田忌报告了齐威王，齐威王便命他一定要把孙膑救出来，为齐国效力。于是，田忌派人到魏国，趁庞涓的疏忽，用偷梁换柱的办法把孙膑接出来，然后快马加鞭逃出了魏国。

　　齐王十分敬重孙膑，田忌对他更是礼遇有加。对孙膑平日表现出来的聪明智谋，齐国上下无不交口称赞。

　　孙膑逃走后不久，庞涓兴兵进攻赵国，打败了赵国军队，并围住赵国的都城邯郸。危急之时，赵国派人到齐国来求救。齐王命田忌为将，让孙膑在暗中协助田忌，为他出谋划策。孙膑主张直接就近攻打魏国的襄陵，庞涓得知一定会放弃赵国回来自救。齐国以逸待劳，必能大败魏军。田忌依计行事，不仅使邯郸脱困，还大胜魏军，使之死伤两万余人。这就是历史上非常有名的"围魏救赵"。

　　庞涓知道是孙膑在齐国与自己为敌，派人潜入齐国，离间齐王君臣。结果田忌兵权被罢,孙膑的军师之职被免。庞涓大喜,认为可以高枕无忧。不久,又统兵攻打韩国,韩国弱小,只能派人到齐国求救。恰在此时齐威王逝世,齐宣王继位,宣王立刻恢复了田忌和孙膑的职位。听到韩国求救之事,齐宣王命田忌、孙膑统兵救韩。

齐国军队按照孙膑的谋划,等韩魏打了一段时间后,敌劳我逸之时,直袭魏国首都大梁。庞涓得到消息暴跳如雷,发誓要与齐军决一死战,率领部队赶回来迎战齐军。而孙膑却制订了另一条计策等待庞涓入瓮。

庞涓带兵赶到魏国,发现齐军已撤离,庞涓拼命追击。追击之前,他派人去数齐军营垒中的锅灶痕迹,结果竟有十万之多,心下吃惊:"齐军人多,不可轻敌!"追了一天之后,再数齐军遗下的灶迹,只剩五万了。庞涓大喜,这说明齐兵厌战,又在异国作战,如今一定是已经逃亡过半了! 到了第三天再数,齐军只有三万个灶了。庞涓再也抑制不住冲动,下令不顾一切活捉孙膑,自己更是披甲执戈,亲自率领两万轻骑,日夜兼程追击齐军。

其实这是孙膑故意布下用来诱骗庞涓的"减灶计",此时孙膑已经按照计算好的日程,在马陵道设下了埋伏。马陵道是夹在两山之间的峡谷,进去容易出来难。孙膑又让人在道中一棵大树上刮下大片树皮,用墨写上六个大字:"庞涓死此树下",然后在附近安排五千弓弩手,命令他们只要看到树下火把点亮,就一齐朝那亮处放箭。

庞涓黄昏时赶到马陵道,士兵报告说前面的谷口被断树乱石堵住了,庞涓却更加兴奋,因为这通常说明敌军畏惧,而且已经近在咫尺。他命部下以最快速度搬开障碍,之后一马当先,冲入了峡谷。正快速前进,忽然被一棵大树挡住去路,隐约见到树身上写有字迹。此时天色已黑,又无星无月,庞涓让人点亮火把,亲自上前辨认树上的字。刚刚看清,就大惊失色:"我中计了!"话音未落,万弩齐发,箭

 《中庸》

如骤雨,射在了庞涓身上。

庞涓的死为魏国的霸权敲响了丧钟,也导致当时最为精锐和彪悍的步战士兵魏武卒退出了历史舞台。

【评论】

庞涓本是一员难得的良将,但心胸过于狭窄,因为贪图名利地位而无所顾忌地残害同窗孙膑,最终身败名裂,死于孙膑之手。以害人始,以害己终。阴谋诡计的能量终究有限,这就是庞涓之死的故事给后人的启示。

第三章　世间最高的道德

子曰:"中庸其至矣乎! 民鲜①能久矣!"

【注释】

① 鲜:很少,不多。

【译文】

孔子说:"中庸可以说是最高的道德标准了吧! 可是民众已经很少能够做到,这种状况已经很久了。"

【故事】

孔子获麟绝笔

孔子是春秋时代著名的思想家,儒家思想的代表人物。他一生宣导仁政,强调社会的礼制与中庸思想。而他生活的年代却是个动荡的时代,礼崩乐坏。他一生的志向与思想诉求就是要改变这种状况,让社会重新回到安定、仁爱、礼制、信义的完美时代。但是经过鲁国为官被逐、周游列国遭拒、困厄于陈蔡之间等事,孔子对于整个时代丧失了信心。此时的孔子已步入不逾矩(七十岁)之年,他回到

了鲁国,一边教导弟子,一边潜心著述《春秋》一书。

有一天,孔子正在写作,很多弟子都在研读。突然,一个弟子跑了进来,小声地对身边一位弟子说:"我刚才听说,有人捕获了一只野兽,很大,很漂亮,大家都不知道叫什么名字。"那位弟子也好奇起来,放下书说:"什么,是谁打到的?"跑进来的弟子把听来的事情述说了一遍。

原来,当时鲁国掌权的季孙氏家的仆人在锄商打猎时,抓到了一只怪兽。这只动物长得像鹿一般大小,但是头长得像龙,有鲇鱼一样的长须,头上又顶着一双角,和成年的公鹿一样。仔细看它的眼睛,像狮子一样威猛。而肩部像虎,背部像熊,身上却披着蛇一样的鳞甲。再看它的尾巴,像牛的一样,而蹄子却像马。人们不知道这是什么东西,用网把它罩住,都不敢接近,认为是不祥之物。很多人在观看,季孙氏召集了家臣商量如何处置。

他们小声的嘀咕很快在读书声中蔓延开来,众弟子都停下来看他们。这个弟子也就把所说的话又向大家重复了一遍。这时有个弟子说:"咱们的老师见多识广,知识渊博,说不定知道。我们何不把这个消息告诉老师,让他带咱们去看个究竟?"

众弟子觉得有理,于是一起到了孔子的房间,推举子贡把事情告诉老师。他轻轻走到孔子的近前。孔子抬起头,问他:"子贡啊!有事吗?为何不去读书?"

子贡说:"刚才有一个弟子从外面回来,说季孙氏抓到了一头异兽。"

听到这里,孔子把脸沉了下来,斥责子贡说:"季孙氏不务政事,耽于渔猎,是我国的大不幸,你怎么能为此荒废了自己的学习?"

子贡赶紧解释,把刚才众弟子商量的话和孔子说了一遍,并且很详细地为孔子描绘了一番那只异兽的长相。不料孔子听完,神色非常紧张,惊叹:"竟有这种事!"

子贡回答说:"正是如此,由于众人都不知道此为何物,所以他们让我来问问老师,看您是否知道,也带我们去看个虚实。"

孔子听完,站起身来,从书桌后绕出,急迫地说:"速速备车,随我到季孙氏家里。"

子贡纳闷地问:"老师,您为何如此紧张?莫非这只异兽真有什么奇异之处吗?"

孔子边走边解释说:"透过你的描述,这只异兽很可能就是上古神兽麒麟啊!"

上古有异兽麒麟,往往在非常的时代出现,并且给世人带来特别的警示与启迪,这些讯息能够指引着人们摆脱时代的困境,从而走上一条光明之路。据说,上古先王舜就曾见过麒麟,并且在指引下建立了四海升平的平安盛世。而此时战乱频仍,麒麟的出现是不是带着什么神秘的启示,可以救万民于水火,还天下一个太平呢?

孔子和众弟子一起疾驰到季孙氏家中。季孙氏派人把孔子迎到了厅堂。两人寒暄了几句,孔子马上切入正题:"听说您捕到了一只异兽?"

"对啊!您什么时候也对狩猎这样的事情感兴趣了,真是难得啊!"季孙氏很纳闷。

"它在哪儿?我想见见。"孔子说。

"给下人们处理了,长得很吓人,牛不是牛、马不是马的,必是个不祥之兆。随便杀了就是。"季孙氏说得满不在乎。

孔子听完,惊叹了一声,说:"那可能是麒麟啊!赶紧带我去。"

季孙氏从未见过孔子如此失态,惊讶之余,便带着孔子到了下人们处理麒麟的地方。

那里围了很多人,正兴高采烈地说笑着,看到季孙氏带着孔子

到了，人群闪出一条通道，一只奇异的野兽正躺在人群中心，血流了一地。孔子赶紧跑过去，俯下身子查看，发现麒麟已经死了。孔子痛苦地仰天长叹，两行热泪淌了下来。子贡和众弟子赶紧过去挽起老师，孔子一摆手，回身看看惊骇的众人，指着他们，眼里满是愤怒，半晌才说出几个字："你，你，你们——"他摇摇头，摆脱了扶他的子贡，深深叹了口气，跟跄着走出人群。

回到家里，孔子关上门，几天不和人说话，即使是子贡这样跟随他几十年的弟子，也不能见孔子一面。后来孔子的门终于打开了，众弟子进去，看到老师静静地坐在书桌后，桌面上摊着一卷竹简，就是流传后世的《春秋》。最后一句话终止在"十有四年，春，西狩获麟"。

孔子终于对世人失望了，他知道，中庸这样至上的道德，在不辨愚贤的人世间真的难以流传，也就停止了写作，不久病逝。

【评论】

《春秋》是一部编年史，它以鲁国的标准纪年，记录西周时期各国的历史，文辞凝练，纪事精简，但素有微言大义之说。简单地讲，孔子写作《春秋》，并不是简单的实录历史，而是基于自己的思想主张，对历史进行评价，对历史中的人物进行自己的判断，从而要把自己仁爱的主张、礼乐的制度以及中庸的思想表现到历史之中，以期对当时与后代有所启迪。所以，《春秋》一书可以看作孔子对世人最后的希望，也是他的思想的最后寄托。

第四章　难以实行的道德

【原文】

子曰:"道①之不行②也,我知之矣。知者③过之,愚者不及也。道之不明也,我知之矣。贤者过之,不肖者④不及也。人莫不饮食也。鲜能知味也。"

【注释】

① 道:中庸之道。

② 行:实行。

③ 知者:聪明过人的人,与愚者相对。知,同"智"。

④ 不肖者:没有道德的人,与贤者相对。

【译文】

孔子说:"中庸之道不能实行的原因,我知道了:太聪明的人自以为是,超过了规范,而愚蠢的人又智力不够,不能理解它。中庸之道不能广泛弘扬的原因,我知道了:有道德的人做得过了头:不讲道德的人却又根本做不到。人每天没有不吃喝的,但却很少有人能够品尝出食物的真正滋味。"

《中庸》

管仲与鲍叔牙

管仲是春秋时代著名的政治家,但是在他年轻的时候家里很穷,虽然自己很有才学但由于出身低微也没有什么机会。他有一个朋友叫鲍叔牙,家里较为殷实,为人也仗义。

鲍叔牙发现管仲总是唉声叹气,觉得其中必有原因,便到管仲家拜访。见到他年迈多病的老母亲后,明白了他的处境,鲍叔牙便提出要与管仲一起做生意,自己出本钱,管仲出力即可。

生意做得很顺利,不到半年的时间就已回本,一年则见利。大家都很高兴。但到了对账时,有人发现管仲贪污了钱,鲍叔牙知道后却不追究,说:"管仲的情况我比诸位要清楚,他这么做是有苦衷的。"

管仲知道自己的过失,就找到鲍叔牙说,自己坏了规矩,不能再做下去了。鲍叔牙一笑,说:"这类小生意本就不是大丈夫所为。前方正在打仗,正是齐国用人之际,不如我们一起投奔前线,做一份轰轰烈烈的事业。"

于是两人相约到了前线。几场仗下来,机智勇敢的鲍叔牙就被提拔成了队长;而管仲每当冲锋总是拖在后边,撤退时却掉头先跑,其他士兵都很瞧不起他。鲍叔牙为他辩解道:"管仲并非懦弱,只是因为老母尚在,如果战死,他的老母一定穷困而死。他是为了尽孝道在牺牲自己的名誉啊!"

管仲听说后感叹:"生我者父母,知我者鲍叔牙!"管仲的母亲因病去世后,管仲再上战场就表现出无所畏惧的勇敢,这时大家才真正相信了鲍叔牙的话。

后来，管仲和鲍叔牙二人都因为战争中的表现而受到重用。当时的国君齐僖公有三个儿子，长子诸儿、公子纠和小白，由于国君的器重，管仲和鲍叔牙分别得以辅佐公子纠与小白。

齐僖公死后，齐襄公即位，齐国政局开始混乱。管仲与鲍叔牙分别护着自己的主子逃到别国躲避灾难，等待时机。不久之后，公孙无知弑杀齐襄公篡位，仅一年多又被杀。这时，公子纠与公子小白谁先回到齐国，谁就能够继承君位。他们各自启程，马不停蹄向齐国奔去。

从地理距离上说，小白是占优势的，再加上鲍叔牙的催促，路程走了一半，小白认为自己已经稳操胜券，但是鲍叔牙还是有些担心，因为他太了解管仲了。正在这时，前边出现了一队人马，当头的一匹马上坐着的正是管仲。

鲍叔牙吩咐手下人张弓以待，并高声喊话："管仲，快停下。不然就放箭了！"

管仲高喊："你说什么？我有要事禀报公子！让我见公子小白！"他的马却越来越快。

小白听到喊声，从车上站起来向管仲张望。此时，两队人马的距离只有一箭之地。鲍叔牙大喊："公子小心！"话音未落，管仲的箭已飞出，小白大叫一声，口吐鲜血栽下车去。管仲看到小白中箭，立刻拨马折回。

鲍叔牙抱住小白，放声痛哭。突然，怀里的小白笑了。"管仲走远了吗？"小白说着拔下身上的箭，原来这一箭正巧射在铜制的衣带钩上。小白拍拍身上的土说："我是将计就计，咬破舌尖，吐血装死给管仲看的。先生如此距离都未看破，想你的老朋友管仲也必信了。"

鲍叔牙赶紧吩咐众人日夜兼程，奔赴齐国。

而公子纠与管仲以为没了强敌，行进的速度也就慢了下来。当他们一路畅想着兴国大计，走到国都之下时，却发现齐国早已立了新君小白，史称齐桓公。

齐桓公即位后，立即修书一封给鲁王，命他献上公子纠的人头和管仲，不然就发兵犯境。当时齐是大国，鲁是小国，鲁君无奈，只得从命。

公子纠死了，管仲又成了待宰羔羊，齐桓公觉得私事已了，即开始专心国事。他的第一步就是重用鲍叔牙，要拜他为相。

得知这个消息，鲍叔牙赶紧面见齐桓公。齐桓公则下阶相迎，满以为鲍叔牙要谢恩，赞美之词都已备好。而鲍叔牙却问："君上想要的是一国富强，还是称霸天下？"

齐桓公一愣，沉吟片刻，说："先生跟随我多年，还不知道我的心意吗？"

鲍叔牙接着说："以我的才能，治一国有余，而霸天下不足。"

齐桓公说："除了您，我想不出齐国还有什么人能担此重任。"

"有一个人——"鲍叔牙话说到一半又停住，迟疑了一下，"只是——"

齐桓公笑着说："你我患难君臣，还有什么话说不得啊！你但讲无妨。纵然远在天边也一定把他请来。"

"不远，就在眼前。"鲍叔牙说完，又顿了一下，"就是管仲。"

齐桓公脸上的笑容一下没了，冷冷地问："先生忘了一箭之仇吗？"

鲍叔牙看着齐桓公的眼睛说："臣心里只记国事，没有私仇。当然——"他又顿了一下，轻轻地说："也没有私情。"

话音刚落，齐桓公便一躬到地："先生之言让我茅塞顿开。"

鲍叔牙赶紧避到一旁，再拜说："得主如此，臣之万幸啊！"

于是，齐桓公命令打开死囚牢，带管仲面君。又一沉吟，对鲍叔牙说："干脆，我们一起去迎接你的老朋友吧！"说罢，君臣二人便一同来到了死囚牢。管仲看到昔日的好友与现在的齐桓公，恍惚如坠梦中。鲍叔牙向他解释齐桓公不计前嫌，并要重用于他。管仲恍然大悟，赶忙躬身施礼，齐桓公也屈身相扶。于是大家冰释前嫌，共同致力于齐国的春秋霸业。

而管仲也果然不负众望，执政之后，他帮助齐桓公改造经济，发展农耕，整饬军政，奖励战功，并制订了尊王攘夷的国政。帮助燕国大败山戎，而后联结楚国，会盟诸侯，让齐桓公成为春秋时代第一位霸主。

【评论】

管仲才华出众，鲍叔牙待人真诚。在两人的交往中，管仲做了一些很对不起朋友的事，但鲍叔牙基于对管仲的了解，不但没有看不起他，反而能理解他，为他辩解，甚至冒着得罪国君的危险举荐管仲为相，给他的才华以用武之地。所以管仲才有"生我者父母，知我者鲍叔"的感慨。真正的朋友就应当患难与共，相互包容理解。而齐桓公能不计私仇，任用贤明，终成霸业，这种做法也对后人产生了积极的影响。

第五章　孔子发出的叹息

【原文】

子曰:"道其^①不行矣夫^②。"

【注释】

① 其:语气助词,表示推测。

② 矣夫:叹词,表示感叹。

【译文】

孔子感叹说:"中庸的原则恐怕难以在世上实行了啊!"

【故事】

孔子周游列国

孔子出生于春秋时期的鲁国,他的父亲叔梁纥是鲁国出名的勇士,孔子本人也非常高大勇武。叔梁纥晚年才生了孔子,在孔子三岁时就病逝了。孔子是在非常贫寒的家境中长大的。由于他的母亲在怀孕之前曾去尼丘山祈祷,又因孔子刚出生时头顶的中间凹下,像尼丘山,所以给他取名为丘,字仲尼。

孔子很小就对周礼有极大的兴趣,玩游戏都是用石块树枝演习周礼。幼年即被人称赞"博学好礼",十七岁就有人慕名而来向他求教,三十岁时已经在诸侯之中有些名气了。

鲁昭公二十年,齐景公出访鲁国时召见了孔子,与他讨论秦穆公称霸的问题,孔子由此结识了齐景公。五年之后,鲁国发生内乱,孔子离开鲁国,到了齐国,受到齐景公的赏识和厚待,甚至打算把尼溪一带的田地封给孔子,最终被大夫晏婴阻止了。到齐国两年之后,齐国的大夫想加害孔子,孔子听到消息后向齐景公求救,齐景公却无奈地说:"我如今年纪太大了,做不了什么了。"孔子只好仓皇逃回鲁国。

孔子在鲁国一直不被重用,政治理想无法实现,就广收门徒,希望传播自己的仁德思想和治国理念,当时的平民没有入公学接受教育的资格与机会,是孔子开创了私塾教学的先河。传说他有弟子三千,其中品德能力卓著的有七十二个。

鲁定公九年,孔子被任命为中都宰,这时他已经五十一岁了。孔子治理中都一年,卓有政绩,被升为小司空,很快又升为大司寇,摄相事,鲁国大治。鲁定公十二年,孔子采取了堕三都的措施(即拆毁三桓所建城堡),目的在于削弱三桓势力(季孙氏、叔孙氏、孟孙氏三家世卿,因为是鲁桓公的三个孙子故称三桓,当时的鲁国政权实际掌握在他们手中,而三桓的一些家臣又在不同程度上控制着三桓)。后来这一行动半途而废,孔子与三桓的矛盾也随之暴露。

又过了一年,齐国送了骏马和美女到鲁国,季桓氏接受了女乐,君臣于是连日迷恋歌舞,不理朝政,孔子非常失望。不久鲁国举行郊祭,祭祀后按惯例送祭肉给大夫们时并没有送给孔子,这表明季氏不想再任用他了。孔子在不得已的情况下离开鲁国,到外国去寻找出路,开始了周游列国的旅程。这一年,孔子五十五岁。他留下几个弟子在鲁国任职,自己则带着仲由、颜回、冉求等人出游,到过

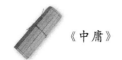

卫、曹、宋、郑、陈、蔡六个国家,从五十五岁到六十八岁,前后十四年,他一直流亡在外。

孔子首先到了卫国,因为"卫国多君子",卫灵公开始也很尊重孔子,按照鲁国的标准发给孔子很高的俸米,但并没给他什么官职。然而不到一年,就有人在卫灵公面前进谗言,使他对孔子起了疑心,派人公开监视孔子的行动,于是孔子带弟子离开卫国,打算去陈国。

路过匡城时,匡城人以为是曾经对他们行凶的阳虎又来了,于是将他们围困阻拦,五天后才逃出。逃离匡城,到了蒲地,又碰上卫国贵族公叔氏发动叛乱,再次被围。逃脱后,孔子又返回了卫国。卫灵公听说孔子师徒从蒲地返回,非常高兴,亲自出城去迎接。此后孔子几次离开卫国,又几次回到卫国,一方面是由于卫灵公对孔子时好时坏,另一方面是孔子离开卫国后没有去处,只好又返回。

五十九岁那年,孔子再次离开卫国往陈国去,路经曹、宋、郑三国。在郑国的都城,孔子与弟子们走散了,只好一个人站在东门等着弟子们来找他。他因为身高超过了一米九,比大多数人都高,很容易就被人注意,当时很多人都叫他"长人"。有个郑国人就对正在寻找孔子的子贡说:"东门那里有一个人,额头长得像唐尧,脖子长得像皋陶,肩膀长得像子产,但是从腰往下就比大禹短了三寸,看起来凄凉狼狈像一条丧家狗啊!"子贡找到孔子后就把这话一五一十告诉了他,孔子欣然笑道:"具体的长相不重要,不过说我像丧家狗,说得一点也没错,一点也没错啊!"这正是孔子生于乱世志向难以实现、精神无所归属的写照。

孔子师徒在陈国住了三年,吴国攻打陈国,兵荒马乱,孔子便带弟子离开,楚国人听说孔子到了陈、蔡交界处,派人去迎接孔子。楚国是强盛的大国,陈国、蔡国的大夫们知道孔子对他们不满,怕孔子到了楚国被重用,会对他们不利,于是派出很多服劳役的人将孔子师徒围困在半道，前不靠村，后不靠庄，带的粮食吃完了，围困不解，就只好饿着，过了七天，好几个人都差点饿死。最后还是子贡跑出去找到了楚国人，楚国派出军队来迎接孔子，孔子师徒才免于一死。

然而楚国最终也失约了，孔子只好又回到卫国。

孔子从叶返回蔡的途中，遇到一条河挡路，找不到船也没有桥，河的上游有两个男子正在耕田，孔子就让子路去向他们打听渡口的方向。那两个人倒反问子路赶车的人是谁，子路说是孔丘，"是鲁国那个孔丘吗？"子路说是。

"那么他应该知道渡口在哪里呀！"

"你又是谁呢？"另一个农夫问，子路回答是孔丘的学生。

农夫说："你看这广阔的天下，却是哪里都一样的动荡不安，谁能有力量改变它呢？你与其跟着避人之人四处奔波，不如跟着我们这种避世之人还更安逸自在呢！"说着就继续耕田了。子路不仅没有问出结果，反遭一番教训，回去告诉孔子。

孔子怅然叹息，说道："人是应该有社会责任的，怎么能够隐居山林，置天下的黎民苍生于不顾，而终日与鸟兽为伍呢？如果天下太平的话，那也就用不着我四处奔波了。"这两位在田间耕作的农夫便是当时有名的隐者长沮和桀溺。后来人们就把那条河叫作孔子河；河流两旁，长沮、桀溺耕种过的那片呈梯形的田垄，一边叫长沮冲，一边叫桀溺畈；并且立有一块石碑，上写"孔子问津处"。

孔子在外流亡期间，经历各种艰难凶险，却又一直不被重用，在诸侯争霸的乱世，他的仁政思想无法推行，然而他始终坚持自己的主张，虽然也曾多次失望甚至绝望，虽然他也清醒地知道"我的主张是不能实现的了"。

鲁哀公十一年，齐国攻打鲁国，冉有率领鲁国军队出战，获胜。季康子问冉有指挥才能从何而来，冉有回答是跟孔子学的。季康子

于是派人迎接孔子归鲁。这一年孔子六十八岁。孔子周游列国十四年，至此结束。而他坚持推行的治国之道，始终没有被任何国君采用。

【评论】

孔子生活的年代，诸侯国之间的争战连绵不绝，人们崇尚武力和霸权，相较之下，史书记载、百姓口中相传的圣人辈出的古老时代，从身居高位的圣人君主到平民百姓，各个不自私、不争利，懂得设身处地为他人着想，显得格外秩序井然、和谐美好。于是，孔子便把恢复周礼、推行仁政当作自己毕生的目标。在推广治国之道的过程中，虽然他的主张在当时显得不合时宜，但他"知其不可而为之"的执着精神，却值得后世人学习。

第六章　智慧君主的方法

【原文】

子曰:"舜其大知也与! 舜好问而好察迩言^①,隐恶而扬善,执其两端^②,用其中于民。其斯以为舜乎^③!"

【注释】

① 迩言:浅近之言。

② 两端:事物都要两端,比如小大、长短、厚薄,等等。这里则是指为人处事的道德标准。

③ 其斯以为舜乎:这就是舜之所以为舜的地方吧! 其,语气词,表示推测。斯,这。"舜"字的本义是仁义盛明。

【译文】

孔子说:"舜应该是真具有大智慧的人吧! 他喜欢向别人提问请教,又善于分析推敲别人的浅近言论,从而得到收获。他能包容别人的短处,表扬别人的长处,不宣扬别人的恶言,宣扬别人的善言。掌握各种不同言论的两个极端,采纳适中的去启发引导百姓。这应该就是舜之所以成为最明智的舜帝的原因吧!"

【故事】

鲁肃慷慨借荆州

鲁肃，字子敬，东汉末年人，出生在一个富有的士族家庭，幼年丧父，由祖母抚养长大。鲁肃高大魁梧，性格豪爽，既喜欢读书，又爱好骑射，仗义疏财，在乡里很有威望。当时朝廷昏庸，官吏腐败，社会动荡，鲁肃便召集当地的青少年一起练兵习武。当时，周瑜当附近的居巢长，曾带着几百人来向鲁肃讨粮食，鲁肃家里有两个大粮仓，各有三千斛粮食，他就随手一指，将其中一仓三千斛粮食慷慨送给周瑜。从那以后，两人互相欣赏，结为好友。

建安二年，鲁肃率领部属百余人随周瑜到江南投奔孙权。孙权向他请教天下大计。鲁肃于是为他谋划了鼎足江东，徐图帝王之业的大策略。

当时东吴的势力虽比不上曹操，但是比刘备要强大许多，又有长江天险可保一时安定，东吴的众臣看不起刘备的力量，又害怕曹操，面对号称的八十万大军多数主张议和降敌。孙权犹豫不决时，是鲁肃私下对他说："降了曹操，我们做臣子的照样能得个一官半职，过安定富贵生活，而主公您又将如何呢？"孙权这才决心抗曹。

两军实力悬殊，是鲁肃极力主张联合刚刚打了败仗的刘备共同抗曹。鲁肃为此亲自渡江去见刘备，并且把诸葛亮带回东吴，共同商议抗曹，这才有了史上著名的赤壁之战。赤壁之战后，三国鼎立的局面才真正形成。

孙刘联合过程中，东吴都督周瑜恃才傲物，又气量狭窄，而刘备一方的军师诸葛亮也是锋芒毕露，更别说还有众多思虑过甚的文臣，凶暴强横的武将。两方能够免除嫌隙，实现联合，主要归功于两头跑的鲁肃,他既要传达各人的谋划策略,又要着意安抚双方。

赤壁一战,孙刘联军大破曹操,鲁肃先从战场回来,孙权聚集众将,大张旗鼓地迎接他。鲁肃进殿拜见孙权,孙权起身向他示敬,并对他说:"子敬,今天我亲自持鞍下马来迎接你,是不是给足了你面子啊?"

鲁肃却摇头说:"没给够。"众人听到这话,无不愕然。

鲁肃就座后,才慢慢举起手中的鞭子说:"我希望您成为天下至尊,四海臣服,成就帝王之业。到那个时候,您派一辆轻便的小车来接我,那才是给足我面子。"孙权听后,开怀大笑,更加器重鲁肃。从这番话可以看出鲁肃并不软弱迂腐,他只是眼光长远,不计较眼前小利而已。

赤壁之战后,刘备带人拜见孙权,请求借荆州安身。很多将领都劝孙权扣留刘备,周瑜在外地,也特意写信表达这个主张。只有鲁肃能够从全局考虑,劝说孙权把荆州借给刘备,以巩固孙刘联合,共同抗曹。

鲁肃说:"您固然神武盖世,但曹操的势力太大了。我们刚刚占有荆州,恩德信义还没有施于民众,也没有得到民众认可。如果把荆州借给刘备,让他去安抚百姓,实是上策。因为这样一来,曹操多了一个敌人,我们多了一个朋友。"孙权同意了鲁肃的主张。曹操听到孙权借荆州给刘备的消息后,震惊得把毛笔都掉在了地上。

周瑜病危时写信给孙权,推荐鲁肃。孙权当即任命鲁肃为奋武校尉,接替周瑜统领部队。周瑜私属部队四千多人,以及原来的奉邑四县,全都转归鲁肃所有。

当时鲁肃与关羽邻界统兵,疆土犬牙交错,军士之间经常发生摩擦。鲁肃顾全大局,总是以友好的姿态安抚双方。

孙权后来多次向刘备讨要荆州,刘备不还,鲁肃几次出使都是空手而回,孙权为这事也很责怪鲁肃,并派吕蒙攻打荆州。刘备亲

自率兵赶来，坐镇公安，使关羽为将；孙权也亲自进驻陆口，使鲁肃与关羽对抗。鲁肃既要应付孙权的催逼，又不想加害盟友，更不希望孙刘两家为一城而两败俱伤，为顾全大局，决定邀请关羽相见会谈。

鲁肃提出各自将兵马部署在百步以外，只有将军们带单刀赴会。关羽是三国名将，极其勇武善战，鲁肃部下劝他不要轻易冒险。鲁肃却说："事情发展到现在，也该把话说清楚了。刘备借荆州不还，是他们理亏在先。关羽他又能怎么样呢？"毫不畏惧地赴会。

单刀会上，鲁肃虽然多次慷慨陈词指责关羽，双方剑拔弩张，但是也没有要回荆州。双方最终讲和，议定以湘水为界，平分荆州。

鲁肃四十六岁病逝，孙权亲自为他举办丧事，并参加了他的葬礼。诸葛亮也在蜀国为他举行哀悼之礼。

在曹、刘、吴三家鼎立纷争的局势中，东吴阵营中只有鲁肃始终不渝地坚持孙刘联盟，他被孙权误会指责时，能够以从容之态平息孙权怒气；面对关羽的凌人盛气，他又能正气凛然，以一个"义"字驳斥得关羽无话可说。

鲁肃看到了孙刘联盟的维持与巩固，关系到江东生死存亡的长远利益，这是他目光远大的过人之处，也是孙权、周瑜、吕蒙、陆逊等人不如鲁肃的地方。鲁肃死后，孙权派吕蒙袭取荆州，孙刘联盟完全破裂，而吴蜀两国也最终被各个击破，随之灭亡。

【评论】

鲁肃的行为证明他是个典型的"大智若愚"的人，他之所以不怕被讥笑嘲弄，是出于对终极战略的执着。鲁肃具有不为一己私利，忠诚于国家大业的可贵品格，这足以证明他是江东最杰出的政治家、军事家、外交家和战略家。王士桢曾作诗赞美他：将相江东美，英风压上流。鲁公最忠烈，慷慨借荆州。

第七章　自以为是的聪明

【原文】

子曰："人皆曰予^①知,驱而纳诸罟^②护^③陷阱之中,而莫之知辟^④也。人皆曰予知,择乎中庸,而不能期月^⑤守也。"

【注释】

① 予:自己,自称代名词。

② 罟:捕兽的网。

③ 护:装有机关的捕兽的木笼。

④ 辟:同"避"。

⑤ 期月:一整月。

【译文】

孔子说:"人人都说自己聪明,可是如果被驱赶到罗网陷阱中,却不知如何躲避。人人都说自己聪明,可是让他选择按照中庸之道行事,却连一个月也不能坚持。"

【故事】

杨修之死

杨修,字德祖,是东汉末期文学家,太尉杨彪之子。他才思敏

91

捷，学识渊博，后来成为曹操的谋士，官居主簿，替曹操典领文书，办理事务。当时曹操军务繁忙，杨修负责内外之事，都很合曹操的心意。据《世说新语》记载，他的才华连曹操也自叹不如。

但是杨修为人恃才放旷，多次触犯曹操。曹操新造一座后花园，造成后，亲自去观看，在园子里转了一圈，也不说好，也不说不好，只是临走时在园门上写了一个"活"字。工匠们面面相觑，都不了解他的意思。有人去请教杨修。

杨修说："门里面添了一个活字，就是阔字啊！丞相嫌你们把园门造得太宽大了。"工匠们恍然大悟，于是重新增加围墙，改小了园门。

完工后再请曹操来看，曹操大喜，就问他们："是哪一个人领会了我的意思？"左右回答："是杨修杨主簿赐教！"曹操表面上称赞，心底却很忌恨杨修。

又有一天，塞北有人给曹操送来了一盒酥——也就是乳酪。曹操随意提笔写了"一合酥"三字在盒子上，把盒子放在桌上就出去了。杨修进来，看到盒子上的字，就径自拿来汤匙递给大家，一人一口地吃光了。曹操回来发现那盒酥没了，一问自然就问到杨修身上，杨修很从容地回答说："盒子上明明是丞相亲手写的'一人一口酥'，我们怎么敢违抗命令呢？"曹操立刻开怀大笑，而心里却很讨厌杨修。

曹操生性多疑，总是担心会有人暗中谋害他，经常嘱咐手下说："我经常在梦里杀人，凡是在我睡着的时候，你们千万不要靠近我才好！"有一天，曹操在帐中睡午觉，睡着睡着被子掉到了地上，在帐中服侍的一个近侍赶紧过来捡起被子给他盖好。曹操立刻跳起来拔剑把他杀了，然后继续上床去睡。

又睡了半天才起来，假装大吃一惊，问："是什么人杀了我的近侍?"大家告诉他实情,曹操痛哭,让人厚葬了近侍。从那以后人们都以为曹操果真梦中会杀人,只有杨修明白是怎么回事,下葬之前他指着近侍的尸体叹息说:"丞相不在梦中,在梦中的其实是你啊!"曹操听到后更加厌恶杨修。

曹操的第三个儿子曹植,仰慕杨修的才华,经常邀请杨修到自己府中,整夜交谈。曹操与一些大臣商量,想立曹植为世子,次子曹丕知道后,就秘密请来吴质到自己的内府商量对策。因怕人看见,就把吴质藏在一个大竹筐里抬进府去,对别人则说里面放的是丝绸布料之类。杨修知道内情,直接就来告诉了曹操。

曹操派人在曹丕府门口窥伺察看。曹丕慌忙告诉吴质,吴质说:"不用担心,明天再用大竹筐抬些真正的布料进来就是了。"曹丕照做,用大筐抬布料进府。曹操的使者拦下大筐一搜,果然就是绸缎之类,回去禀报曹操。曹操因此怀疑杨修是故意要害曹丕,越是厌恶杨修。

曹操想要考验了解曹丕与曹植两个兄弟的才干。一天,他让两人分别走邺城门出城去办事,却又暗中派人吩咐守门的官吏,不准放曹丕与曹植出城。曹丕先到了城门,遭到门吏阻拦,曹丕没办法就退回城内去了。曹植听说后,向杨修请教该怎么办,杨修说:"你是奉王命出城去的,如果有人胆敢阻拦,是可以直接杀掉的。"曹植点头。

等他到了城门,门吏果然也不准他出去。曹植呵斥说:"我奉王命出城,谁敢阻挡!"当即就把门吏杀了。于是曹操就觉得曹植比较有能力。后来有人告诉了曹操说这其实是杨修教的,曹操大怒,甚至因此也不太喜欢曹植了。

杨修又为曹植准备了几十条答话草稿,只要曹操提问,曹植都可以按照杨修事先教他的准备回答。曹操经常问他一些带兵治国

的大事,他也都能对答如流。曹操对此一直有些怀疑。后来曹丕暗中收买了曹植身边的侍从,把对答的草稿偷出来向曹操告发。曹操见了大怒说:"这么一个匹夫居然也敢欺骗我!"此时便对杨修产生了杀心。

曹操出兵汉中进攻刘备,被困在了斜谷界口。想要继续进兵,又被马超拒守,想要收兵回朝,又担心被蜀兵耻笑,心中犹豫不决。正烦恼间,厨师送上一盅鸡汤,曹操看到碗中有鸡肋,因而心生感慨。正在沉吟思索,夏侯惇进帐,请问当天夜里的口令。曹操随口回答:"鸡肋!鸡肋!"夏侯惇于是传令众官,都说"鸡肋!"杨修则吩咐随行的军士收拾行装,准备回去。

有人报告给夏侯惇,夏侯惇大惊,把杨修请到帐中问道:"您为什么收拾行装啊?"杨修说:"从今天晚上的号令,便可以知道魏王不久要退兵回国。鸡肋,吃起来没什么肉,扔掉又有点可惜。现在,进兵不能取胜,退兵恐人耻笑,继续驻扎也没什么好处了,不如早点回去,明天魏王必然班师还朝。所以我现在先收拾行装,免得临走时慌乱。"

夏侯惇说:"您真是明白魏王的心事啊!"就也跟着收拾行装。军寨中的各位将领也都开始收拾行李为撤军做准备了。曹操得知后,传唤杨修,杨修用鸡肋的意义回答。曹操大怒:"你怎么敢造谣生事,动乱军心!"便喝令刀斧手将杨修推出去斩了,将他的头颅挂在辕门外示众。

曹操又假装对夏侯惇发怒,要把夏侯惇一并斩首,很多将领上前求情曹操才斥退夏侯惇,下令第二天就进兵攻打。

第二天,曹操受了箭伤,好不容易才在部下的护卫之下回到营寨。这时曹操想起杨修的话,马上把杨修的尸体收回厚葬,随后就下令调动军队回朝了。

【评论】

后世评价杨修：修虽才子，渝我淳则。意思就是说杨修虽然是个聪明才子，但是太过锋芒外露，自以为是，违背了儒家的淳厚中庸之道。杨修的自恃聪明和言行无忌，使得他对自身处境渐渐危险的状态毫无察觉，直至最终惨遭杀身之祸。

第八章　孔子由衷的赞许

【原文】

　　子曰:"回①之为人也,择乎中庸,得一善,则拳拳服膺②,而弗失之矣。"

【注释】

① 回:颜渊的名字,颜回是孔子的学生。

② 拳拳服膺:谨慎地奉持而放在心胸之间。拳拳,牢握但不舍的样子,引申为恳切。服,着,放置。膺,胸口。

【译文】

孔子说:"颜回就是这样一个人,他选择了中庸之道,得到一条善理,就诚挚地放在心上信守,再也不让它失去。"

【故事】

孔融忠直被戮

孔融,字文举,东汉末年文学家,鲁国人,是孔子的二十世孙。他聪明好学,年少成名,被誉为神童。一家人吃梨的时候,孔融从来都是挑最小的吃,后来父亲问他为什么不吃大的,他回答道:"我年纪最小,自然应该吃小的。"众人赞叹,孔融让梨的故事也成为后世兄弟友爱的典范。

孔融十岁那年，跟随父亲来到都城洛阳。当时，著名的士大夫李膺也在京城。李膺经常举荐年轻贤士，当时的年轻人无不以成为李家座上客为荣，因此上门拜访的人络绎不绝，如果不是名士或他的亲戚，守门的人一般是不通报的。孔融很想看看李膺是个什么样的人，就自己去登门拜访了。

他泰然自若地对守门人说："我是李膺的亲戚。"守门人通报后，李膺接见了他，一看是个不认识的小孩子，就饶有兴致地问他："请问你和我有什么亲戚关系呢？"

孔融回答道："从前我的祖先孔子和你家的祖先老子有过师徒的名分（孔子曾向老子请教过关于周礼的问题），因此，我和你也算是世交呀！"当时很多宾客都在场，对孔融的回答十分惊奇。

中大夫陈韪来得比较晚，宾客们就把这件事情讲给他听，他却不以为然地说："小时了了，大未必佳。"意思是小时候特别聪明的人，长大了往往也不怎么样。

孔融立即反唇相讥说："想君小时，必当了了。"意思是这样的话，想来您小时候一定是很聪明的。陈韪无话可说。李膺大笑，说："这么聪明的孩子将来肯定能成大器。"

东汉末期，发生了"党锢之祸"。孔融的哥哥孔褒的好友叫张俭也遭到了通缉，于是去投奔孔褒。孔褒不在家，只有十六岁的孔融为父亲守丧在家，正在读书。张俭见孔融年纪太小，就没有把实情告诉他。孔融见张俭形色慌张，自作主张把张俭留下了。后来事情败露，张俭逃走，孔融和孔褒却被逮捕入狱。孔融说人是他留下的，该由他来负责；孔褒说人是来投奔他的，不关弟弟的事，该由他负责；孔母也说她是家长，该由家长负责，闹得"一门争死"，非常轰动。最后经皇帝裁决由孔褒负责。孔融则因此名声大噪。

《中庸》

孔融在灵帝时开始步入仕途,专门负责弹劾贪官。河南尹何进迁为大将军,司徒杨赐派孔融前往祝贺,却被挡在门外,孔融立刻留下弹劾状辞职离去。何进十分生气,要派遣剑客去追杀孔融,不料剑客却说:"孔文举名声这么大,将军如果害他,那么四方有才能的人就都要离开您了。您不如趁机对他以礼相待,让天下人都看到您爱贤重士。"

何进于是举荐孔融做了侍御史。因为与中丞赵舍不和,孔融再次辞官。何进又举荐他做司空掾,北军中侯。在职三天,就升迁为虎贲中郎将。

后来董卓总揽朝政,想要废掉汉朝皇帝,孔融跟他说话的时候言辞激烈,不留情面。董卓怀恨在心,就把孔融派到黄巾军最为猖獗的北海国为相,也因此世人称他为孔北海。

孔融管辖北海期间曾被管亥所围,无奈之下派太史慈去向当时的平原相刘备求救。刘备的反应居然是受宠若惊,问太史慈道:"孔北海也知道世上有我刘备这个人吗?"立即发兵解围。

汉献帝建都许昌后,孔融任少府,曾被封为太中大夫。

孔融为人恃才负气,言论往往与传统相悖。有一次,曹操因为太尉杨彪与袁术有姻亲,就打算杀他。孔融知道后,顾不得穿朝服就急忙去见曹操,劝说他不要滥杀无辜,以免失去天下人心,并且声称:"你今天如果杀了杨彪,我明天就回家去,再也不做官了。"杨彪因此得免一死。

孔融多次反对曹操的决定,如反对恢复肉刑、反对曹丕私纳袁绍的儿媳甄氏、反对曹操禁酒等。而且他忠于汉室,上奏主张增强汉室实权,更是严重激怒了曹操。因此,在建安十三年,北方局面已定的情况下,孔融被曹操以招合徒众、欲图不轨、谤讪朝廷、不遵超仪等罪名杀掉,并且株连全家。这年孔融五十五岁。

孔融有两个年幼的孩子寄养在别人家,女孩七岁,男孩九岁。孔融被抓时两人正在下棋,听到消息不为所动。有人要帮助他们逃跑,女孩却说:"岂见覆巢之下,复有完卵乎?"说着抓捕他们的官差就到了大门口,两人从容就死。

孔融死后被曝尸示众,没有人敢去收尸,只有京兆人脂习赶来抚尸痛哭,并将其安葬。曹操大怒,要杀脂习,最终还是赦免了他。

后来陈寿写《三国志》时,依然不敢为孔融作传,这也成为全书一个重要的缺失。而杀孔融也成为曹操政治生涯中一个被人诟病的污点。

【评论】

孔融生逢乱世,历经桓、灵、少、献四朝皇帝,终因书生气太足、锋芒太露而不见容于当权者。孔融生性耿介,扬善嫉恶,不仅名重当时,而且很受后人称誉。他宽容好士,做官期间举荐了很多贤能的人才。魏文帝曹丕非常喜欢孔融的文采,不遗余力地收集他的作品,还把孔融与王粲、陈琳、徐干、阮瑀、应场、刘桢六位文学家相提并论,列为"建安七子",并以孔融为七子之首。

第九章 实现理想的艰难

【原文】

子曰:"天下国家可均①也,爵②禄③可辞④也,白刃⑤可蹈⑥也,中庸不可能也。"

【注释】

① 均:平,调和,治理。

② 爵:爵位。

③ 禄:官吏的薪俸。

④ 辞:放弃。

⑤ 白刃:锋利的刀刃。

⑥ 蹈:踏。

【译文】

孔子说:"天下国家都能够成功治理,官爵俸禄都能够推辞不受,雪白的刀刃都能够践踏而过,中庸之道却不能真正实现。"

【故事】

谭嗣同舍生取义

谭嗣同是湖南浏阳人,生于北京,父亲是清政府官员,母亲徐氏出身贫寒,作风勤朴。谭嗣同十岁拜浏阳著名学者欧阳中鹄为师,继而对王夫之的思想发生兴趣,受到爱国主义启蒙。他聪明好学,博览群书,才华横溢,好讲经世济民的学问,厌恶科举取士的八股文,为此曾经在课本上写下"岂有此理"几个字。

谭嗣同仰慕那些锄强济弱的草莽英雄,曾和当时北京的著名"义侠"大刀王五结为生死不渝的挚友。

十九岁,谭嗣同离家出走,独自一人到各省游历,观察风土,结交名士。同时广泛认真地阅读各种著作,包括当时介绍西方科学、历史、地理、政治的书籍,丰富自己,开阔眼界。

甲午战争之后,中国和日本签订了丧权辱国的《马关条约》,聚集在京城准备参加会试的一千多名举人在康有为、梁启超的号召组织下,联名上书清政府,要求拒和、迁都、变法,这就是史上有名的"公车上书",变法思潮由此迅速传播。这件事对谭嗣同影响很大,他一方面深感民族之灾难深重,坚决反对签订和约,对清政府的妥协行径极为愤慨。另一方面,他开始思考挽救民族危亡的根本大计。最终得出结论,认为必须对封建专制制度进行变法改革,才能救亡图存。

三十二岁,谭嗣同完成了他的重要著作《仁学》,这是维新派的第一部哲学著作。他认为世界万物处于不断运动变化之中,愤怒地抨击了封建君主专制所造成的"惨祸烈毒"和三纲五常对人性的摧残压抑。对于那些昏暴的专制君主,不仅可以不为其尽忠死节,而且可以"人人得而戮之"。

第二年年初,他回到湖南,与梁启超等人一起进入时务学堂,向学生宣传变法革新理论,培养了大批维新志士。

同年,光绪皇帝决心变法,在别人的举荐下,召见了谭嗣同。谭嗣同病中进宫觐见光绪,很快就被授予官职,参与新政。

 《中庸》

第二次召见时，光绪向他表示自己是愿意变法的，只是因为真正掌握实权的慈禧太后和守旧大臣极力阻挠而无可奈何，并且对他说："你们想要改革的，都可以随意上奏给我，我一定依从。如果我有什么地方做得不对，你们尽可以当面责备我，我一定会立刻改正。"谭嗣同听了深为感动，觉得实现自己抱负的机会已经来临。

此时，维新派与守旧派的斗争已是剑拔弩张。谭嗣同刚到北京的时候，别人告诉他光绪没有实权，他还不大相信。新法推行不久，京城就纷纷传言，说慈禧太后等人密谋，要在十月底光绪去天津阅兵时发动兵变，废黜光绪帝，一举扑灭新政。

接着，光绪从宫中传出衣带诏，表示皇帝之位难保，希望康有为等人设法筹划相救。谭嗣同与康有为捧诏恸哭，而皇上手无寸柄，大家束手无策。当时的众多将领之中，只有袁世凯实力雄厚，又倾向变法。光绪就在谭嗣同的建议下，连续两次召见袁世凯，加以格外封赏，希望一旦发生兵变，可以藉助袁世凯的力量。

九月十八日，谭嗣同夜访袁世凯，直接诘问说："您觉得皇上这个人怎么样？"袁世凯回答是难得一见的圣明君主，谭嗣同于是说："天津阅兵的阴谋，你知道吧？"

袁世凯回答："是，听到了一些消息。"谭嗣同就直接把密诏拿出来给他看，并且说："如今能够救我们这位圣明君主的，只有您一个人了，您如果想救，就请尽力去救。"

说着又用手摸着自己的脖子说："如果不想救的话，现在就请到颐和园去告发并杀掉我，可以得到更大的富贵。"

袁世凯却正颜厉色说："你把我当成什么人了？当今皇帝是你我共同的圣主，我也是受皇上恩遇的人，救护的责任，不只在你一个人身上。如果有什么指教，我愿意听从您。"

谭嗣同又问袁世凯："荣禄一向厚待于你，你准备怎么办呢？"

袁世凯笑了笑不说话，他手下的一个人说："荣贼并非真心对待大帅的，一向不过笼络而已，大帅还能不明白吗？"

谭嗣同又说："可是荣禄有曹操、王莽的才干，也算是绝世枭雄，要对付他恐怕也很不容易。"

袁世凯怒目喊道："如果皇上在我营中，那么我诛杀荣禄不过像杀一条狗罢了。"于是两个人商量了天津阅兵时应对兵变夺取政权的具体措施。

然而两天之后，袁世凯就赶回天津，向荣禄告了密，荣禄则立刻密报慈禧太后。慈禧太后迅速发动政变，软禁了光绪皇帝，并且连发谕旨，捉拿维新派。

谭嗣同听到消息后一点也没有惊慌，他先考虑的是筹谋营救光绪帝，但是由于事发突然，实力悬殊，各种计划都失败了。于是他决心以死来殉变法事业，用自己的主动牺牲做最后一次反抗。他把自己的书信、文稿交给梁启超，要他东渡日本避难，并且设法让康有为脱离险境。

他慷慨地说："没有出走的人，就没有办法谋取将来的事；没有牺牲的人，就没有办法报答贤明君主。"他自己选择牺牲，拒绝了日本使馆的保护，整天坐在家里等待逮捕他的人上门。一开始那两天，逮捕的人并没有来，有一些日本志士苦苦劝说，让他前往日本避难，可是他说："各国变法，没有不经过流血就成功的，现在中国没听说有因变法而流血牺牲的人，这是国家不富强的原因啊！有流血牺牲的，请从我谭嗣同开始吧。"

九月二十四日，谭嗣同在浏阳会馆被捕。他在狱中写下著名诗句："望门投止思张俭，忍死须臾待杜根。我自横刀向天笑，去留肝胆两昆仑。"

九月二十八日，谭嗣同与其他五位志士在北京宣武门外菜市口

英勇就义。当时在刑场观看的有上万人。谭嗣同神色不变,大声道:"有心杀贼,无力回天,死得其所,快哉快哉!"这一年,他三十四岁。

第二年,谭嗣同的遗骸运回原籍,葬在湖南浏阳城外石山下。墓前写有挽联:"亘古不磨,片石苍茫立天地;一峦挺秀,群山奔赴若波涛。"

【评论】

谭嗣同一生短暂,却始终以天下为己任,为国家与民族的危亡而倾尽全力,最后甘心赴死,真正做到了"历忧患而不穷,处生死而不乱"。

第十章　何为真正的坚强

【原文】

子路^①问强。

子曰:"南方之强与? 北方之强与? 抑而^②强与^③? 宽柔以教,不报^④无道,南方之强也。君子居之。衽^⑤金^⑥革^⑦,死而不厌^⑧,北方之强也。而强者居之。故君子和而不流^⑨,强哉矫^⑩! 中立而不倚,强哉矫! 国有道,不变塞^⑪焉,强哉矫! 国无道^⑫,至死不变,强哉矫!"

【注释】

① 子路:名仲由,孔子的学生。子路好勇,因而问强。

② 抑而:抑或是你自己。抑,选择性连接词,意为"还是"。而,代名词,你。

③ 与:通"欤",疑问语气词。

④ 报:报复。

⑤ 衽:卧席,此处用为动词。

⑥ 金:铁制的兵器之类。

⑦ 革:指皮革制成的甲胄之类。

⑧ 死而不厌:死而后已的意思。

⑨ 和而不流:和顺而不随波逐流。

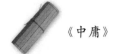

⑩ 矫：坚强的样子。

⑪ 不变塞：不改变志向。

⑫ 国无道：国家政局混乱。

【译文】

子路问孔子什么是坚强。

孔子说："你是问南方人的坚强呢？还是问北方人的坚强呢？还是问你自己认为的坚强呢？用宽容柔和的精神去教育感化人，对蛮横无理的事也不报复，这是南方人的坚强，品德高尚的君子信守这种坚强。用兵器甲胄来做枕席睡觉，死了也在所不惜，这是北方人的坚强，那些生性强悍勇武的人就具有这种坚强。所以，品德高尚的君子和顺而不随波逐流，这是真正的坚强啊！坚持中庸之道而不偏不倚，这是真正的坚强啊！国家政治清平时不改变未实现的志向，这是真正的坚强啊！国家政局混乱黑暗时坚持自己的操守，宁可死去也不改变，这是真正的坚强啊！"

【故事】

赵氏孤儿

春秋时期，晋国君主晋灵公昏庸残暴，被臣子赵穿所杀。由于灵公没有子嗣，赵盾便到洛阳把晋文公最小的儿子黑臀接回来，立为成公。成公又把自己的姐姐庄姬公主嫁给赵盾的儿子赵朔。君臣亲家，相辅相成，晋国很快又兴盛起来了。

成公在位七年，死后他的儿子继位，立为景公。赵盾不久之后也死了，赵朔成为继承人。晋景公从小生长在外国，对国内情况不是很了解，又缺乏主见和判断是非的能力，他对位高权重、人多势大的赵家很不放心。奸臣屠岸贾屡进谗言，尤其强调当年赵穿杀灵公之事，使景公更加担忧。景公于是让屠岸贾带领军队，包围赵家，把赵朔、赵同、赵括、赵婴齐等全家男女老幼都杀掉了，时称"下宫之难"。只有庄姬公主事先进了宫，才没有被杀。庄姬公主是成公的姐姐，景公的姑姑，当时正怀有身孕。

屠岸贾担心庄姬公主生下的小孩长大后会对自己不利，再三要求景公杀掉她以绝后患，景公不答应，一是母亲成夫人护爱，二是自己也不忍心对姑姑下手。屠岸贾也没有办法，就派了心腹武士日夜把守宫门，观察庄姬的动静。

赵朔死后，他的一个心腹家臣公孙杵臼质问另一个心腹家臣程婴："你为什么苟且偷生？"程婴说："赵朔的妻子怀有身孕，如果生的是男孩，我就把他抚养成人，将来为赵家报仇雪恨；如果是女孩，我就没什么可做的了，那时再以死报答赵家。"

不久，庄姬在宫中生下个男孩。程婴和公孙杵臼商量后，用计从宫中偷出了孤儿。

宫中传出去的消息是庄姬生了个女孩，而且一出生就急惊风死掉了。屠岸贾不信，带人到宫中搜索，并严刑拷打侍奉庄姬的宫女卜凤，卜凤一口咬定："生的是女孩，得急惊风死了。"直至被活活打死也没有改口。最后屠岸贾下令，如果搜不出孤儿，就把全国境内与孤儿同岁的婴儿全部杀死，还张贴布告，"窝藏孤儿，罪灭九族。告发孤儿藏处，赏黄金千两"。

程婴和公孙杵臼商议，这样下去，不但孤儿保不住，还要连累全国的婴儿受害。公孙杵臼一腔血气地问："养育孤儿和死相比，哪件事更容易？"程婴回答："死容易，养育孤儿当然更艰难。"公孙杵臼就说："赵君生前对你最好，所以你就去做最难的事情。让我来做容易的事情——我先去死吧！"

程婴当时正有一个在襁褓中的儿子，他一边让妻子带着赵氏孤

儿逃到别处去,一边抱着自己的儿子与公孙杵臼逃到了永济境内的首阳山中。屠岸贾很快就得到消息,率领军队追过来。程婴就从山中出来说:"程婴不肖,不能保全赵家的孤儿了。这个孩子反正是要死了,屠岸将军如果能付我黄金千两,我就告诉你孩子的藏身之处。"屠岸贾答应了。程婴领路,很快找到藏在山中的公孙杵臼和婴儿。杵臼故意发疯般痛骂程婴,程婴则眼睁睁地看着亲生儿子和好友死在乱刀之下。

回到京城之后,程婴得到赏金,屠岸贾既觉高枕无忧,就允许程婴去处理了赵家和公孙杵臼的后事。程婴从此背负着卖友求荣的骂名,与赵氏遗孤赵武一起躲藏在山里。

景公死后,传位厉公,厉公更加昏庸,完全听信屠岸贾的蛊惑,不断杀戮排斥忠臣良将,以致即位不久就被杀死。他死后,孙周被立为悼公。悼公很有才干,重新重用了老将军韩厥,这时赵武已经十五岁了。

韩厥经过查访之后,把赵武、程婴带到朝堂拜见了悼公,当众讲出程婴用亲生儿子替换孤儿,公孙杵臼为保孤儿慷慨赴死的内情。悼公极为愤怒,立即下令捉拿屠岸贾满门,拉到赵盾陵墓处死,以祭赵家冤魂。

赵武长大成人之后,程婴对赵武说:"昔日下宫之难,众家臣都随主人死难。我之所以没有跟随,是想要复立赵氏后人,令赵家沉冤得雪。如今你已长大成人,赵家也恢复了原来的地位,我的任务已完成,现在该到地下去见赵盾和公孙杵臼,告诉他们这一切了。"

赵武叩首哭求道:"我还没有来得及报答您的大恩,您怎能离开我去死呢?"程婴说:"当年调包计时,公孙杵臼是相信我能完成复兴赵氏的大业,所以才选择自己去死、留下我抚养你的啊!现在如果我不去告诉他这一切,他会误以为我没有完成这件大事。"说完,程婴便拔出佩剑，自刎身亡。

【评论】

程婴忍住恩主、好友及亲生儿子死于非命的悲痛，背负着遭人唾弃的骂名，含辛茹苦十五年，终于把孤儿抚养成人，复兴赵氏一族，他所做的这一切堪称义炳千秋、功高万古。这种超越常人的刚强隐忍的力量，正是来自他心中的大义和坚定的信念。

第十一章　孔子内心的坚持

【原文】

子曰："素隐行怪①,后世有述②焉:吾弗为之矣。君子遵道而行,半途而废,吾弗能已③矣。君子依乎中庸,遁世④不见知⑤而不悔,唯圣者能之。"

【注释】

① 素隐行怪:深求隐僻之理,行为怪异以获取名声。素,应为"索"。

② 述:记述。

③ 已:止,停止。

④ 遁世:避世,指隐没。

⑤ 见知:被人知道。见,被。

【译文】

孔子说:"寻找隐僻的道理,行为怪诞诡异,后世也许会有人记述他,为他立传,但我是不会这样做的。品德高尚的人按照善的原则行事,有人却半途而废,不能坚持,而我是不会停止的。真正的君子始终如一地遵循中庸之道,即使一生埋没默默无闻也不后悔,但只有圣人才能做得到。"

尊卢沙夸夸其谈

春秋战国时期，周王室衰落，西周时期用于统治天下的礼制开始让位于霸权。大国要争霸，小国要自保，于是，各个诸侯国之间开始增强实力的较量，有的广招人才，有的改变法度，有的加紧训练军队。很多有抱负的文人武将也往来奔走于诸侯之间，希望自己被哪一个诸侯王赏识重用，以便实现自己的人生理想。

秦国有一个人叫尊卢沙，特别喜欢吹牛说大话，说得信誓旦旦理直气壮，使得他自己也深信不疑。但是秦国人都非常了解他，每当他说大话就会嘲笑他。这一天，吹牛之后，尊卢沙又被乡亲们狠狠奚落了一番，他却做出非常严肃认真的样子，说："你们总是这样嘲笑我、不相信我，那好，我这就起程到楚国去，向楚王讲述治理国家的办法。"楚国是实力强盛的大国，众人嘲笑得更厉害了。尊卢沙居然真的收拾了行李，往楚国走去。

经过一番长途跋涉，尊卢沙终于来到了楚国的边境。可是他刚刚进入楚国国界，就被把守边关的官吏当作间谍抓住了。他非常严厉地对楚国官吏们说："你们可要当心点！就这样随随便便地拘捕我，会遭受严重的惩罚。我可是特意来给你们楚王做老师的。"当时确实有很多不起眼的平民乃至奴隶忽然成为国君的座上客，乃至立下特殊功劳的。因此守边的官吏也不敢擅作主张，就把尊卢沙送到了朝廷上，由朝廷官员来决断处置。

朝中的大夫了解情况后，就把尊卢沙当作宾客安置在了宾馆里，并且谦虚地说："先生不嫌弃我们的国家地处偏僻，千里迢迢来扶助壮大我们楚国，我虽然有幸与您接触，但毕竟时间还太短，自己

的心里话不敢多说,其他的事也不敢多问,只是很想听听您做楚王老师的真正想法和打算。"

尊卢沙听到这里却大发脾气说:"这不是你这个做臣子的应该打听和知道的!"大夫什么也没有了解到,只好把他送到了上卿瑕那里。瑕把尊卢沙当作非常尊贵的客人来接待,并且也像前面的大夫那样,想要打听他的真实意图。哪知道尊卢沙这次发了更大的脾气,并且当即站起来就要离开楚国。瑕担心怠慢了贤能之士,被楚王知道怪罪,就赶紧好言安抚,并且把这件事报告给了楚王。

楚王听说后就立刻召见尊卢沙,谁知尊卢沙依然不紧不慢不慌不忙,以致楚王派使者去催请了三四趟,他才慢慢地来到了。

见到楚王,尊卢沙并不下拜,只是拱拱手,傲慢地招呼一声,对楚王说:"楚国的东面有吴国和越国,西面有秦国,北面又有齐国和晋国,这些国家如今全都虎视眈眈地窥伺着楚国,妄图吞并。我最近路过晋国边境,听到一个消息说,晋国已约好几个强大的诸侯国要一起攻打楚国。他们宰了一匹上等白马,陈列出许多珍贵的玉盘,嘴唇抹上鲜红的牲血,对天盟誓说:'我们要去攻打楚国,如果不能取胜,就绝不回来!'然后把玉器投进河水,祭祀河神,做好渡河作战的准备。楚王啊,你以后还能踏实地睡觉吗?"

楚王听到这里吃惊得站了起来,向尊卢沙询问对策。尊卢沙就手指苍天发下誓愿说:"如果让我尊卢沙做楚国的卿相,而楚国还不强盛的话,有这太阳来做证明!"

楚国君臣此时已经完全相信了他,楚王就说:"不过冒昧地问一句,目前这种情况下应当先做哪一件事呢?"

尊卢沙回答:"这是不能空口白说的。"

楚王说:"对。"于是立即任命尊卢沙做了卿相。

三个月过去了,身为卿相的尊卢沙没有采取任何措施来改善楚国的现状。但是不久之后，晋国国君果真率领着各个诸侯国的军队来攻打楚国了。

　　眼看强大的敌军已经到达边境，楚王非常恐惧，立刻把尊卢沙召来，想与他商量退敌的办法。尊卢沙来了，听到这个消息后，只是对着楚王瞪大了眼睛，一句话也说不出来。楚王非常焦急，不断逼迫他说出一个策略来，尊卢沙最后就说："晋国的军队精锐勇猛，跟他们打仗很难取胜，我认为对大王您来说最好的办法，就是割让一些土地给他们，求得暂时的安宁和平吧！"楚王听了勃然大怒，立刻把尊卢沙关了起来，一直关了三年之后，楚王余怒未消，又割了他的鼻子，这才把他放走了。

　　尊卢沙回来以后对人说："我从今以后可知道了，说大话是能够给自己招来祸患的。"以后尊卢沙一辈子也没有再讲过话了。有时候忍不住想讲，一摸到被割了的鼻子也就闭嘴了。

【评论】

　　春秋战国时期，很多读书人都喜欢说大话，或者做一些乖僻的事情引人注意，想藉这个办法来为自己寻求名声富贵，尊卢沙也是其中的一个。假设晋国的军队没有那么快打来，或许他真可以稍稍施展这骗人的虚妄本领，为自己谋取利益。而他很快就遭遇失败，在同类人里也算是很不走运的了。但是从长远的历史来看，凡是弄虚作假骗人的，都没有好的结局。这样看来，仅仅被割掉鼻子的尊卢沙，又不算是不走运了。

第十二章　贯通天地的道德

【原文】

君子之道，费①而隐②。夫妇③之愚，可以与④知焉；及其至也，虽圣人亦有所不知焉。夫妇之不肖，可以能行焉；及其至也，虽圣人亦有所不能焉。天地之大也，人犹有所憾。故君子语大，天下莫能载焉；语小，天下莫能破⑤焉。

《诗》云："鸢飞戾天，鱼跃于渊⑥。"言其上下察⑦也。君子之道，造端⑧乎夫妇；及其至也，察乎天地。

【注释】

① 费：应用广大。

② 隐：精微。

③ 夫妇：指普通男女。

④ 与：动词，参与。

⑤ 破：分开。

⑥ 鸢飞戾天，鱼跃于渊：引自《诗经·大雅·旱麓》。鸢，老鹰。戾，到达。

⑦ 察：昭著，明显。

⑧ 造端：起始。

君子奉行的中庸之道广大而又精微。普通的男女虽然愚昧，也可以通过受教育懂得其中的道理；至于道的最高深境界，即便是圣人也会有弄不清楚的地方。普通的男女虽然缺乏修养不够贤明，也可以透过帮助实行君子之道；至于中庸的最高深境界，即便是圣人也会有做不到的地方。天地如此之大，人们仍会有不满足的地方。所以，君子的中庸之道从大的方面来讲，就大得连整个天地都难以承载；从小的方面来讲，就小得连一点也无法分开。

《诗经》上说："老鹰展翅飞向天空，鱼儿跳跃潜入深渊。"这是说中庸之道能够上下明白贯通啊！君子奉行的中庸之道，起始于普通男女能懂能实行的地方，但推及它的最高深境界，则可以明了整个天地的万事万物。

【故事】

项橐问难孔圣人

春秋末年，孔子带领他的一些弟子周游列国，推行自己的政治主张，希望能有圣明的君主赏识采纳，以便实现他天下大同的理想。然而当时各国诸侯纷纷并起争霸，寄希望于强盛的武力，孔子以仁为本的施政纲领几乎无人问津，因此，孔子到了晚年依然过着四处流亡、碰壁的生活。可是，即便他的政治主张不被采纳，孔子也已经被当世之人评价为无所不知的圣人，很多诸侯对他礼遇有加。

公元前四八九年，孔子一行再次起身离开陈国，接受楚昭王的邀请前往楚国都城郢。

白天，他们乘着马车奔走在古栈道上，路过许多树林河流、村庄田地，也路过一些或繁华或破败的城邑。他们看到众多艰辛的百

姓,也看到过高妙的隐者。

太阳落山,他们便找一处村庄或城邑吃饭、休息,利用这个时间探讨道德学问,也了解、搜集当地的民歌民谣,以及风土人情历史典故。

这一天,他们来到楚国境内的新洲道,这里有高山,有清流,风光秀美,百姓安乐。孔子等人正在欣赏感叹,车子却突然停下了。

孔子扬声问道:"为什么停车啊?"

车夫回答说道路被一群小孩子挡住了。

孔子说:"叫他们让一让吧!"

这时候,子贡已跳下车去训斥那些小孩子说:"为什么看到马车来了,还不赶快让道?"

有个像领头的小孩毫不畏惧地说:"凭什么要我们让你?你们就不能走别的道路吗?"

子贡与小孩子们争执起来。

孔子无奈,亲自下车来看个究竟,只见小孩们毫不在乎地挡在路中间,继续堆砌石块。

孔子和颜悦色地问他们:"请你们先将石头搬开,让我们过去好吗?"

那个领头的小孩却干脆地回答道:"我们正在筑城,请原谅我们没办法照你说的做。"

孔子想了想,就和他们商量:"我来出一个问题,如果你们答不上来,就给我们让道,如何?"

"你出吧!"小孩答应了。

"那我问你,"孔子问,"对一个人来说,是父母亲还是夫妻亲?"

"夫妻亲。"小孩回答。

孔子说不对,"是父母亲,没有父母哪有后代?"

可是小孩也毫不示弱，"是夫妻亲，没有夫妻，又哪来的父母？"

他们各执一理，谁也说服不了谁。

孔子说："父母是为我们提供生命和衣食的人。父母从小抚育儿女，衣食住行，教育成人，传道授业，哪一样不操心！当然是父母最亲。"

小孩则说："夫妻之间，恩恩爱爱，男耕女织，同眠共枕，相濡以沫，爱意绵长，白头偕老，永不分离。一日夫妻还百日恩呢！当然是夫妻更亲。"

孔子依然说服不了这个小孩，转念一想，"君子无所争"，就躬身施礼道："神童在上，老夫有礼了。我们有要事在身，还希望你们高抬贵手，给我们借道。"

小孩则反问孔子："请问先生，自古以来，是城应该让车，还是车应该让城？"

子路气恼地说："你这哪里算什么城池？只是小孩的游戏罢了！"

"就是城池！"小孩也理直气壮。

双方又是一阵僵持。

小孩又问孔子："你们究竟有什么要事啊？"

"周游列国，传道授业。"孔子回答。

"传道授业就得有过人的本事和才学，那您都知道一些什么啊？"

孔子回答道："上至天文，下至地理，全都略知一二。"

小孩说："既然天文地理无所不知，那我来问问您，您有多少根眉毛？"

孔子一惊，说："眉毛自己又看不见，怎么能知道有多少根呢？"

小孩灵机一动，接着问："那天上的星星能看见，您说有多少颗？"

"天上的星星浩如烟海，多如牛毛，怎么数得过来呢？"孔子为难了。

小孩笑道:"啊,星星您又嫌多!那太阳只有一个,它早晨像盘子一样大,晌午像玉环一样小,都说近看大,远看小。可是早晨我们觉得凉,中午就会觉得热,人们又都说离得近感觉热,离得远就感觉凉。那么你说太阳到底什么时候离我们近?什么时候离我们远?"

孔子想了半天,仍是一头雾水,只能感慨地说:"唯楚有才!你真是一个神童,还请你多多指教。"

小孩说:"指教不敢,我现在正忙着呢!后会有期。"

这时弟子们都已经不耐烦了,孔子只好朝小孩躬躬身说:"后会有期!"随即令车夫调转车头,绕道而行。

不料走出去没多远,就因为刚才转弯过急,车轱辘折断了。孔子无奈,让子路到前面的村庄去借一把斧头修理。

子路快步来到前面的村庄,就见一位中年妇女正在屋里织布。他在门口恭敬地说:"大婶,请向你借一件东西。"那妇人还没等子路把话说完,就已转身从里屋拿出一把啵亮的斧头递给他。

子路惊讶极了,"你怎么知道我是要借用斧头?"妇人微笑着说道:"你不是说要借一个'东西'吗?'东'是东方甲乙木,'西'是西方庚辛金,斧柄是木头做的,斧头是铁做的,铁就是'金'嘛!你是要借斧头!"子路拿着斧子跑回停车处,并将刚才的事情讲给孔子听。

孔子更加慨叹。刚刚才遇到一个那么聪明的小孩,现又碰到一位村妇,不仅乐于助人,还如此聪敏,不禁称赞道:"楚国可真是藏龙卧虎啊!"

【评论】

那个难倒了孔圣人的小孩名字叫项橐。《战国策·秦策》里面有记载:"甘罗曰:项橐七岁为孔子师。"俗文学作品《孔子项橐相问语》在很早的时候就传到了日本、朝鲜、越南、俄罗斯等国。《三字经》

中也有记录："昔仲尼，师项橐；古圣贤，尚好学。"孔子与项橐对问成为千古美谈。因为湖北东部地区的方言把巧舌争辩称为磨嘴皮子，所以当地人就把孔项对问之地命名为"磨嘴磐"，把孔子绕道修车的地方称作"回车埠"。

《中庸》

第十三章　谨言慎行的君子

【原文】

子曰:"道不远人。人之为道而远人,不可以为道。《诗》云:'伐柯伐柯,其则不远①。'执柯以伐柯,睨②而视之,犹以为远。故君子以人治人③,改而止。忠恕违④道不远。施诸己而不愿,亦勿施于人。君子之道四,丘未能一焉:所求乎子,以事父,未能也;所求乎臣,以事君,未能也;所求乎弟,以事兄,未能也;所求乎朋友,先施之,未能也。庸⑤德之行,庸言之谨,有所不足,不敢不勉,有余不敢尽;言顾行,行顾言,君子胡⑥不慥慥⑥尔!"

【注释】

① 伐柯伐柯,其则不远:引自《诗经·豳风·伐柯》。伐,砍。柯,斧柄。则,法则,这里指斧柄的式样。

② 睨:斜眼看。

③ 以人治人:用人身本来的道理去治理众人。

④ 违:距离。

⑤ 庸:平常。

⑥ 胡:何,怎么。

⑦ 慥慥:忠厚诚实的样子。

孔子说:"中庸之道从不远离排斥任何人。如果有人实行中庸之道,却故弄玄虚使其远离排斥他人,那就不是实行中庸之道了。《诗经》上说:'砍削斧柄啊,砍削斧柄,斧柄的式样就在眼前。'握着斧柄砍做斧柄的材料,一边看一边砍,应该说不会有什么差异,但如果你斜眼一看,还是会觉得不太像。所以,君子总是善于根据不同人的情况采取不同的办法教育治理,只要他能改正错误实行正道就可以。"

"一个人如果能做到忠恕,离中庸之道也就不远了。什么叫忠恕呢? 自己不愿意的事,不强加到别人身上。"

"君子的中庸之道有四项,可惜我孔丘连其中的一项也没有能够做到:用要求儿子应做的事去侍奉父亲,我没有能够做到;用要求臣子应做的事去侍奉君主,我没有能够做到;用要求弟弟应做的事去侍奉兄长,我没有能够做到;希望朋友做的事,自己先去施行,我没有能够做到。平常的德行努力实践,平常的言谈尽量谨慎,但是仍然有许多不足,不敢不勉励自己努力去做,有做得好的地方,也不敢无所顾忌地放肆言谈;说话就考虑到要符合自己的行为,做事就考虑到要符合自己说过的话,这样的君子怎么会不忠厚诚实呢?"

【故事】

孔子谨言慎行

孔子有一个学生叫颜回,他恪守中庸之道,甘于清贫,又勤奋学习,孔子非常欣赏他。

有一天,颜回去街上办事,路过一家布店的时候,看到那里围了很多人,而且有激烈的争吵声。他上前去一打听,原来是买布的顾

客跟卖布的店主在结账的时候发生了纠纷。只听那个买布的人还在大嚷大叫："三八就是二十三，你为什么要我二十四个钱？"

颜回走到他们面前，先对着买布的人躬身施了一礼，然后说："这位大哥，三八的确应该是二十四啊！怎么会是二十三呢？是你算错了，不要吵啦！"买布的倒更生气了，指着颜回暴跳如雷说道："是谁请你出来评理的？你才多大？有什么资格来对我说三道四？"

颜回问："那么谁来评理能让你信服呢？"买布的回答："那就只有找博学多才的孔夫子，我只信他，错与不错他说了算！"

颜回笑了，说："那好。如果孔夫子评你错了怎么办？"

买布的说："评我错了就把我的头输给你。那若是你错了呢？"

颜回说："评我错了就把我的帽子给你。"

两人各不相让，就一起来找孔子。

孔子非常详细地问清了情况，就对颜回笑笑说："三八本来就是二十三啊！颜回，是你输啦，把帽子取下来给人家吧！"

颜回非常崇敬老师，从来不敢顶嘴，既然听到孔子这样说，当下也就老老实实摘下帽子，交给了买布的人。那人得意地接过帽子，扬眉吐气走了。对孔子的评判，颜回表面上绝对服从，心里却想不通。他认为孔子已经老糊涂了，便不想再跟孔子学习了。

第二天，颜回就借故说家中有事，要请假回去。孔子明白颜回的心事，也不点破，点头准了他的假，只是临别的时候嘱咐他说："千年古树莫存身，杀人不明勿动手。"颜回虽然不明白什么意思，也只答应一声就走了。

走到半路上，忽然下起暴雨来，颜回举目四望，一片旷野之中只见一棵古老的大树，大树中间有一个狭长的树洞，刚好容一个人存身。颜回就到这树洞里去躲雨，这时他忽然想起孔子的嘱咐"千年古树莫存身"，就半信半疑地从树洞里出来，冒着雨继续往前走了。

走出去半里地，忽听身后一声巨响，那棵古树已经被雷劈得粉碎。颜回大惊之下，加紧步伐向家里赶去。

颜回到家正是半夜时分，他没有惊动熟睡的家人，自己用随身带的长剑拨开门闩走了进去。到了妻子的房间，一摸床上，居然睡着两个人！颜回本来就心情激动混乱，顿时一阵大怒，举起宝剑就要砍。这时想到老师的另一句话"杀人不明勿动手"，就悄悄点起蜡烛往床上照去，却见床上一边睡着的是妻子，另一边睡的却是自己的妹妹。颜回当下就转身出去，又悄悄离开了家。

回到孔子的身边，颜回倒身便拜，"您跟我说的两句话救了我、我妻子和我妹妹三个人的性命啊！请问您怎么会预先知道这些事呢？"孔子扶他起来，微笑着说："你走的时候天气阴沉，很快就会有雷雨，所以嘱咐你'千年古树莫存身'；你是带着气走的，身上又带着剑，很容易激动杀人，所以我嘱咐你'杀人不明勿动手'。"

孔子又说："我知道你为输冠的事不满。可是你想一想，我判你错，你只是输掉一顶帽子；我若是判他错，他输掉的可就是一条人命啊！你说我又应该怎么判断呢？"颜回这才恍然大悟，再次倒身下拜，从此之后再也没有离开过孔子。

在春秋时代，孔子所在的鲁国有一个规定：如果有人在国外旅行经商的过程中，看到有在外国被卖为奴隶的鲁国人，可以先花自己的钱把这个人赎出来，等回到鲁国后，再到国库去报账，国库会照付这笔赎身的钱。

孔子有一个学生，有一次在国外看到一个鲁国人被卖为奴隶了，当时就把他赎出来。赎出来以后，这个学生没有到国库去报账，甘愿自己出了这笔钱，凡是听说了这件事的人都称赞他品格高尚。孔子知道后，却大骂这个学生，说这个学生做错了。其他人就觉得奇怪：心甘情愿地做好事，花钱赎了人，又不去国库报账，这不是好

事吗？不是品格高尚吗？

孔子却说："不能这样看问题。他这个做法，实际上却是妨碍了更多做了奴隶的鲁国人被赎出来。他赎了人回来没有去报账，将来别人再看见做奴隶的鲁国人该怎么办呢？赎他出来嘛，又不好意思再去报账领钱了，别人肯定会议论：你看以前某某人就没有报账，你去报账，你的品格比他低下。于是，这个人就很可能会干脆装作没看见，不去赎人了。所以说，这个做法其实妨碍了更多的鲁国奴隶被人家赎买出来，是有害的呀！"

又有一次，有个人不小心掉到水里去了，几乎要淹死，刚好孔子的一个学生路过，就跳下水去，把人救了上来。被救那人的家属很感谢他，就来送给他一头牛，他没有拒绝，收下了。周围的人就纷纷议论开了：下水救人不是高尚君子应该做的吗？怎么这个人居然还要报酬呢？

孔子知道后，却大大称赞了这个学生，说他做得对。这样就会使更多落水的人被救，因为有这个例子在前面，人们都会觉得救了人之后，人家给些钱财报酬，是可以收的，将来若是再有人落水，就会有更多的人愿意去救了。

后来，孔子带着一些弟子周游列国。有一次他们经过一个村庄，看到一个老人，老人已经很老很老了，他正从井里面打水上来浇地。当时太阳很烈，天气非常炎热，而且打水本来就是非常辛苦劳累的工作，即便对年轻人来说也不轻松。

孔子很同情这个老人，希望他能摆脱这繁重的工作，就走过去对那老人说："你听说过吗？现在有一种机器，用它们可以非常容易地从井里打水上来，而且你做一整天的工作，机器可以在半个时辰之内就完成。还可以让马来做这件事情。你何必费这么大的力气辛苦打水呢？你是一个老人啊！"孔子看他肯定有九十岁了。

老人却回答孔子说:"用自己的双手来工作总是好的,因为一旦狡猾的机器被使用的时候,狡猾的头脑也就随之出现了。事实上,只有狡猾的头脑才会使用狡猾的机器。你这不是存心要败坏我吗?我已经是一个老人了,应该让我死的时候跟生出来的时候一样单纯。用手工作是好的,一个人会因此保持谦卑。"

孔子回到他的学生们那里。学生问他:"您跟那个老人谈了些什么呢?"

孔子说:"他看起来很像是老子的门徒。他刚刚狠狠地敲了我的头,而且我发现,他说的好像是正确的。"

【评论】

曾子说:"夫子之道,忠恕而已矣。"孔子的忠恕之道是要人在实现自我价值时,不但不能妨碍他人,而且要帮助他人。如果每个人都能这样做,不但人人都能实现自我价值,人与人之间也就不会相互损害了。忠恕之道即使在现代社会中也有很大的意义,它对于我们的为人处世和待人接物的态度、方法,发挥潜移默化的积极作用。

第十四章　随遇而安的坦然

【原文】

君子素①其位而行,不愿乎其外。

素富贵,行乎富贵;素贫贱,行乎贫贱;素夷狄②,行乎夷狄;素患难,行乎患难。

君子无入③而不自得焉。在上位,不陵④下;在下位,不援⑤上;正己而不求于人。则无怨,上不怨天,下不尤⑥人。

故君子居易⑦以俟命⑧,小人行险以徼幸。子曰:"射⑨有似乎君子,失诸正鹄,反求诸其身⑩。"

【注释】

①素:安于。

②夷狄:泛指边远少数民族。夷,指东方的部族;狄,指西方的部族。

③无入:无论处于什么情况下。入,处于。

④陵:欺凌。

⑤援:攀附,本指抓着东西往上爬,引申为投靠有势力的人往上爬。

⑥尤:抱怨。

⑦居易:处于平安的地位,也就是安居现状的意思。易,平安。

⑧ 俟命：等待天命。

⑨ 射：指射箭。

⑩ 反求诸其身：指通过反省来检验自己的思想和行为是否符合道德标准。

【译文】

君子安于现在所处的地位去做应该做的事，不羡慕身外的财富和名声。

处于富贵之时，就做富贵人应该做的事；处于贫贱之时，就做贫贱人应该做的事；处于边远的夷狄之地，就做夷狄人应该做的事；处于患难之中，就做在患难中能够做到的事。

君子无论处于什么样的境地，都应该是安然自得的。身在上位，不欺凌在下位的人；身在下位，不攀缘在上位的人。端正自己的品行，不苛求别人，这样就不会有怨恨之心。对上不抱怨命运，对下不责怪别人。

所以，君子安于现状来等待天命，小人却经常会冒险行事妄图获得非分的东西。孔子说："君子立身处世就像射箭一样，箭射在靶心之外，不能怪靶子不正，只能反过来从自己的身上寻找差距。"

【故事】

林则徐心系国家

林则徐，汉族，福建人，是清朝中后期重要的思想家、政治家和诗人，清朝政府实行长期的闭关锁国政策，而林则徐被认为是中国近代"开眼看世界的第一人"。

林则徐的父亲林宾日，是当地一个开明的教书先生，他不只注重追求学问，还注重品格修养，循循善诱，因材施教。他教过的学

生,中举或考上进士的多达数十人,但最杰出的还是儿子林则徐。林则徐天资聪颖,四岁就被父亲带到私塾,抱在膝盖上与学生一起听讲。

由于子女众多,林家生活贫苦,林则徐和他的母亲、姐妹常常瞒着父亲工作贴补家用。林家吃饭时常常欢声笑语,邻居听到后以为在吃什么好东西,过来探看,发现一家十多个人不过是在吃着豆腐。林家这种勤劳简朴又知足常乐的生活态度影响了林则徐的一生。

林则徐十四岁中秀才,之后就到福建著名的鳌峰书院读书,开始注意经世致用之学。二十岁中举人,同年应聘厦门海防同知书记,此时开始注意到当地的鸦片烟毒。二十七岁中进士,开始步入仕途。

林则徐做京官期间,整理研究前人专家的观点著作,提出在华北兴建水利,种植水稻,以便在当地解决粮食问题。外放浙江期间,又修建海塘,整顿盐政,清理积案,禁绝鸦片,很快得到道光皇帝的信任,开始了青云直上的为官生涯。

道光十八年,湖广总督林则徐表示坚决支持黄爵滋的严禁鸦片主张,提出六条具体禁烟方案,并率先在湖广实施,成绩卓著。他上奏指出,历年禁烟失败在于不能严禁;并且发出警告说,如果不加以重视的话,几十年之后"中原几无可以御敌之兵,且无可以充饷之银"。十一月受命为钦差大臣,前往广东禁烟,并节制广东水师,查办海口。

林则徐到达广州的当天就开始采取了措施查封烟馆货船,收缴鸦片,雷厉风行。他还严正声明:"若鸦片一日不绝,本大臣一日不回,誓与此事相始终,断无中止之理。"三十四天之后,即收缴鸦片两百三十七万斤。林则徐亲自带领大小官员在虎门监督鸦片的销毁过程:挖好的两个大池子,将鸦片放入后,以卤水浸泡半日,然后加上生石灰将生水煮沸，这样才能把鸦片彻底销毁。收缴的鸦片一共花了二十二天才全部被销毁。这就是举世闻名的"虎门销烟"。

查禁鸦片的同时，林则徐提出"师夷长技以制夷"，主张学习先进的科学和军事技术。他亲自主持并组织翻译人员，翻译外国书刊：把外国人讲述中国的言论翻译成《华事夷言》；将英商主办的介绍外国政治、经济、军事情报的《广州周报》译成《澳门新闻报》；又组织翻译了英国人慕瑞的《世界地理大全》，编为《四洲志》，以了解西方的地理、历史状况；还翻译瑞士法学家瓦特尔的《国际法》等著作。透过分析外国的政治、法律、军事、经济、文化等方面的情况，他发觉只有向西方国家学习才能抵御外国的侵略。虽然林则徐接触西学是出于外交和军事的需要，但这些举措却开创了中国近代学习和研究西方的风气，近代维新思想从这时开始启蒙。

林则徐在广东开展禁烟活动的同时，也积极备战，修建炮台，招募水勇，屡次挫败英军的挑衅，先后取得九龙之役、川鼻官涌之役等战役的胜利。

鸦片战争爆发之后，道光皇帝惊恐，林则徐被革职查办。广东战败后，林则徐充军伊犁。路过镇江的时候，林则徐还不忘嘱托老朋友魏源根据《四洲志》及有关外国资料，撰写《海国图志》。

正在这时候，黄河在河南开封祥符决口，酿成重大水患，林则徐被派往河南黄河工地治河，工程完成后仍然发戍伊犁。在赴戍途中，他并不感慨个人际遇的坎坷，与妻子在西安告别时，写了"苟利国家生死以，岂因祸福避趋之"的著名诗句。这是他忧国忧民情怀的抒发，也是他高尚人格的写照。

到新疆之后，林则徐不顾自己年老体衰，亲历南疆库车、阿克苏、叶尔羌等地勘察，兴修水利、推广坎儿井和纺车，人们为纪念他的业绩，称为"林公井"、"林公车"。他开辟屯田，绘制边疆地图，建议

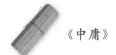

兵农合一。他在新疆考察多年后，指出沙俄威胁的严重性，临终时还在告诫："终为中国患者，其俄罗斯乎！"林则徐的远见卓识，终被后来的历史所证实。

道光二十七年三月，清廷任命林则徐为云贵总督。在此期间，他提出整顿云南矿政、鼓励私人开采、提倡商办等包含资本主义萌芽的思想主张。林则徐于道光二十九年因病辞归，结束了他的政治生涯。道光三十年清政府为进剿太平军，再次任命他为钦差大臣，督理广西军务。林则徐在赴任途中病逝，终年六十六岁，死后谥为"文忠"。

【评论】

林则徐一生多次仕途起落，或居庙堂之高，或处江湖之远，但是不论处于什么职位和环境，他都能够兢兢业业、行之有效地做出重大贡献。这是因为林则徐从未把个人的名利地位放在心上，因此无论顺境逆境皆能坦然处之，所以才能大有作为。

第十五章　追求理想的起点

君子之道,辟①如行远必自迩②,辟如登高必自卑③。

《诗》曰:"妻子好合,如鼓瑟琴。兄弟既翕,和乐且耽。宜尔室家,乐尔妻帑④。"子曰:"父母其顺矣乎!"

【注释】

① 辟:同"譬",譬如。

② 迩:近。

③ 卑:低处。

④ "妻子好合……":引自《诗经·小雅·常棣》。妻子,妻与子。好合,和睦。鼓,弹奏。翕,和顺,融洽。耽,《诗经》原作"湛",安乐。帑,通"孥",指儿女。

【译文】

君子实行中庸之道,如同走远路,必定要从近处出发;如同登高山,必定要从低处起步。

《诗经》上说:"夫妻之间情投意合,就像弹琴鼓瑟一样和谐。兄弟之间关系融洽,和顺相处快乐无边,使你的家庭幸福美满,你的妻儿快乐健康。"

孔子说:"这样的话,父母也就称心如意了啊!"

【故事】

纪昌学射

甘蝇是古代著名的神箭手,传说他的射箭水准到了出神入化的地步。由于射过太多的飞禽猛兽,以至于到了后来,他根本不用搭箭,只要在森林里拉开弓,野兽就会自己倒下;只要对着天空拉一下弓,飞鸟就会应声落下。人们对此极为惊异,赞叹为"不射之射"。

甘蝇收了许多徒弟,其中有一个弟子名叫飞卫,传说是曾射下九个太阳的后羿的子孙。飞卫很小的时候就向甘蝇学习射箭了。因为每天都要在山坡上放牛,甘蝇就让他一直抱着一只牛犊,飞卫不断地把牛犊抱起来又放下,其他的牛跑远了的时候他就抱着这只牛犊去追。

这样,小牛犊一天天长大,飞卫仍然一天天抱着它在山坡上跑来跑去,而且他每天可以喝牛奶,还经常吃得到牛肉,三年之后,终于练成了惊人的臂力。最终,飞卫的射箭本领超过了他的师父甘蝇,成为名满天下的神箭手。

飞卫后来也收了一个徒弟,名叫纪昌。纪昌从小就想学习射箭,希望自己能当一名百发百中的神箭手,可是他一直没有机会向名师学习,直到成年娶妻之后,才终于能够结识飞卫,并且拜他为师。

纪昌因为蹉跎了少年岁月,就很急于求成,他当即就要求飞卫马上把射箭的全部本领都教他,恨不得一下子就学会、学成。可是飞卫却对他说:"如果想要学会射箭,你必须得先学会看东西不眨眼睛的本领。你先回家去自己练习吧!练好了再来找我,到时候我们再谈论射箭的事。"

纪昌回去想各种办法很努力地练习。他开始是看静止的东西：远处的山川，近前的树木，天上的白云，夜晚的繁星……看各种颜色和形态的东西。很快，他就能够做到无论看多长时间都可以不眨眼睛了。

　　接下来纪昌开始练习盯视活动的东西：天空的飞鸟，地上的走兽……终于练到任何东西从眼前迅速经过都不会眨眼的程度。即使有人忽然在面前惊吓他，他也能做到双眼一眨也不眨。

　　这一天他回到家里，妻子正在织布，他注意到织布机上有很多密密麻麻的锥刺，在众多的经线、纬线之间，随着妻子脚上不停的踩踏和手上的动作，似乎在不断地翻飞晃动。他灵机一动，就仰面躺倒在妻子的织布机下，由下向上注视着织布机上成排的锥刺，练习不眨眼睛。这样一练就是两年。两年之后，即使有人用针刺到他的睫毛，他也不会眨一下眼睛了。

　　纪昌兴冲冲跑去找飞卫，把自己练习的情况告诉了飞卫，心想这回总可以学习射箭的技术了。谁知道飞卫却说："仅仅这样还不够啊！你还要学会视物才行。要练到看极小的物体也能像看大东西一样清晰，看细微的东西像看显著的物体一样容易。你还是回家去继续练习，练好了之后再来告诉我吧！"纪昌就又回家去了。

　　纪昌想到飞卫提出的要求，怎么练习呢？他抓了一只虱子，又从牛尾巴上拔了一根毛，用牛尾巴的毛把虱子系住悬挂在朝南面的窗口，他每天在屋子里坐很长时间，总是远远地看着这只虱子。十天之后，他渐渐地觉得虱子似乎比原来大了；三年之后，他感觉自己每天看到的那只虱子，居然已经有车轮那么大了。他转过头来再看其他东西，都像山丘一样巨大。

　　纪昌便拿起一张用燕地出产的牛角装饰的弓，搭上一支用北方出产的篷竹作为箭杆的箭，向那只悬挂在窗口的虱子射去，居然很

容易就穿透了虱子的心脏,可是用来拴住虱子的牛尾巴的毛却并没有断。

纪昌立刻跳起来,向飞卫的住处跑去。一见到飞卫,他就把自己练习的情况以及射穿虱子的事告诉了飞卫。飞卫也很兴奋,拍着纪昌的肩膀大声说:"你已经真正掌握射箭的诀窍了啊!"从这一天起,飞卫才开始认真细致地教纪昌怎样拉弓、怎样放箭。

后来,纪昌梦想成真,成了百发百中的射箭能手。

【评论】

纪昌在学射的过程中坚忍不拔、循序渐进、不避劳苦,重视基本功的训练,并不急于求成。他有实事求是之心,有坚持不懈之志,由浅入深,由低到高,终于掌握了射箭的最根本要领。最高超的技艺也要从基础开始练习,最高深的道德也要从身边日常生活开始修养。天下又有什么事不是这个道理呢?

第十六章　世人敬畏的力量

【原文】

子曰:"鬼神之为德①,其盛矣乎!视之而弗见,听之而弗闻,体物而不可遗。使天下之人,齐②明③盛服,以承祭祀。洋洋乎④,如在其上,如在其左右。《诗》曰:'神之格思,不可度思,矧可射思⑤。'夫微之显。诚之不可揜⑥,如此夫!"

【注释】

① 为德:指的是性情功效。

② 齐:通"斋",斋戒。

③ 明:洁净。

④ 洋洋乎:流动充满的样子。

⑤ 神之格思,不可度思,矧可射思:引自《诗经·大雅·抑》。意思是神灵的降临,不可揣测,人们怎么能够懈怠不信呢。格,至,来临。思,语气词。度,揣度,推测。矧,况且,何况。射,厌倦,指懈怠不敬。

⑥ 揜:通"掩",掩盖。

【译文】

孔子说:"鬼神的性情能力,可真是伟大啊!看它也看不见形

体,听它也听不到声音,但它却表现在万物之中没有任何遗漏。让普天下的人们都斋戒净心,穿着整齐的服装,去举行庄严的祭祀。它浩浩荡荡无所不在啊!好像在人头顶之上,好像在人身体左右。《诗经》上说:'神明的来去,不可揣测,不知何时就会降临,怎么能够怠慢不敬呢?'那鬼神既隐微又显著,是这样的真实无妄而不可掩盖啊!"

【故事】

信陵君窃符救赵

战国时期,魏国的信陵君、楚国的春申君、赵国的平原君、齐国的孟尝君重德好义,礼贤下士,招揽四方人才,人称战国四公子。而四公子之中,魏公子信陵君的德行最被人推崇。信陵君是魏昭王的小儿子,名字叫无忌,昭王死后,他的哥哥安厘王即位,封公子为信陵君。

信陵君心性仁厚,待人谦逊。他尊重士人,并不因对方才能的高低而有所差异,更不敢因为自己的富贵而对人骄傲。因此,周围几千里以内的士人都争相前来依附他,以致手下宾客达三千多人。虽然是在战火连天、征伐吞并的时代,各个诸侯国因为公子贤能,宾客众多,有十多年都不敢出兵攻打魏国。

魏安厘王二十年,秦昭王进兵围困邯郸。赵国平原君的夫人是魏公子的姐姐,平原君几次派人送信给魏王和公子,向魏国求救,魏王就派将军晋鄙率领十万大军去救赵。此时,秦王也派了使者来,他告诉魏王说:"赵国我已经是势在必得了,诸侯之中如果有谁敢来救助赵国,等我取了赵国之后,立刻就调转军队去进攻他。"魏王果然害怕了,立刻派人去阻止晋鄙,让他停止进军,暂时驻扎在边境,名义是去救赵，实际是抱着观望的态度。

　　邯郸的形势一天比一天紧迫，平原君心急如焚，派来魏国的使者络绎不绝，他责备魏公子说："我当初愿意和魏国结为婚姻，是因为仰慕您高尚重义，能够解救别人的困难。现在眼看着邯郸随时都要被秦国攻破了，而魏国的救兵迟迟不来，您的'急他人之难'又表现在哪里了呢？况且就算您不在意我，难道您就不心疼您的姐姐吗？"公子心中忧虑，屡次请求魏王出兵，还让自己宾客中的能言善辩者用各种理由去劝说魏王。然而魏王惧怕秦国，始终不肯听从公子的请求。

　　公子意识到恐怕是不可能得到魏王的允许了，他决心不能眼看着赵国灭亡，于是凑集了一百多辆车骑，就要带着门客去和秦军拼命，与赵国共存亡。路过夷门时拜见了隐士侯嬴，公子曾亲自驾车接他到府上，以上宾之礼对待，二人的关系非常好，所以，此时便把他的打算也都告诉了侯生，表示就此死别。侯生说："公子就好好努力去做吧！我不能跟从您。"

　　公子走了几里路，心里不痛快，他想："我对待侯生，礼貌也够周到了，天下没有人不知道。现在我要去死了，他却连一字半句送我的话都没有，莫非我还是有做得不周到的地方？"想到这儿，他又驾着车子回来了。

　　侯生一见他就笑着说："我就知道您会回来的啊！"

　　侯生说："公子喜爱上人，门客众多，已经名闻天下。现在有了危难，却一点办法都没有，只打算跟秦军拼命，这就好像是把肉投给饥饿的猛虎，能有什么成效呢？您带着这些宾客又有什么用呢！公子您待我特别恩厚，公子走了，我却不给您临别赠言，因此我知道公子心里怪我，一定会回来的。"公子于是连拜两拜，向他请教。

　　侯生避开旁人，悄悄地对公子说："我听说晋鄙的兵符放在魏王的卧室里,而如姬最受宠爱,经常出入其中,她有机会能偷得兵符。我还听说如姬的父亲是被人杀死的,如姬一直悬赏求人报仇,从魏王以下,很多人想做都没有做到。后来是公子听到如姬哭诉之后,派门客斩了她仇人的头,恭敬地献给如姬。如姬是愿意为公子卖命报答的,只是没有机会罢了。公子如果开口请求如姬,如姬一定答应,那样您就可以得到虎符,把晋鄙的军队夺到手里,向北救助赵国,向西击退强秦,这是五霸一般的功业啊!"公子听从了他的计划,如姬果然不负所托,盗来兵符交给公子。

公子这次要带着兵符走了,侯生说:"'将在外,君命有所不受',公子即使合上了兵符,晋鄙也很可能不肯交出兵权,若是他再去向魏王请示,那就危险了。我的朋友屠夫朱亥可以跟您一起去,他这个人力大无穷,晋鄙如果肯听从您,当然很好,如果不听,朱亥就立刻杀死他。"于是公子哭了。

侯生问:"公子你怕死吗?怎么哭了呢?"

公子说:"晋鄙是一位叱咤风云的老将,恐怕不会听从我,看来这次必定要把他杀死。因此我为他难受,哪里是怕死呢?"于是公子去邀请朱亥。

朱亥笑着说:"我不过是市井中一个宰杀牲畜的人,公子却屡次亲自来慰问我。一直没去报谢您,是因为这些小的礼节没有什么大用。现在公子有了急事,就是我为您卖命的时候了。"朱亥就跟公子同行。

公子又去辞别侯生。侯生说:"我本来是应该跟您一起去的,可是我年纪太老了。就让我计算着您的行程,等您到达晋鄙军中的那一天,我将面向北方自杀,以此报答公子!"公子就出发了。

公子到了边境邺地,假传魏王的命令替代晋鄙。晋鄙虽然合对上兵符,心里非常怀疑,他看着公子说:"我带着十万大军驻扎在边境,是国家的重任。现在您却只身前来替代我,是怎么回事呢?"很明显是不打算交出兵权。朱亥当即就抽出藏在袖子里的四十斤重大铁锤,锤死了晋鄙。

公子统率了晋鄙的军队,下令说:"父子都在军队里的,父亲回去;兄弟都在军队里的,兄长回去;自己是独子没有兄弟的,回家奉养父母。"经过这样的挑选之后,得到精兵八万人。公子带着这八万军队去攻打秦军,秦军撤退。于是解救了邯郸,保存了赵国。

赵王和平原君二人亲自到边界上来迎接公子,平原君背着箭袋和弓箭在前面给公子引路。赵王向公子再拜说:"自古以来的贤人,没有谁赶得上公子啊!"这以后,平原君觉得自己远远比不上信陵君。

公子到达晋鄙军中的那天,侯生果然面向北方自杀了。

魏王对公子所做的事大为恼怒,公子自己也很明白,秦军撤退赵国得救以后,他就让部将率领大军回魏国,自己及门客则留在了赵国。

【评论】

信陵君高尚重义、处事果敢、胆识过人、目光深远,在赵国生死存亡之际,他出于对姐姐的关爱,以及深知"唇亡齿寒"的道理,所以不惜冒着生命危险、承受欺君杀将的罪名,窃兵符、夺兵权,击退强秦的进攻,救赵而存魏而至六国,没有急人之困的精神和远见卓识,是不能做到的。信陵君平生的大节即在此事件上表现。

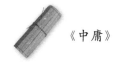
《中庸》

第十七章　高尚之人的所得

　　子曰:"舜其大孝也与! 德为圣人,尊为天子,富有四海之内。宗庙①飨②之,子孙保之。故大德,必得其位,必得其禄,必得其名,必得其寿。故天之生物,必因其材③而笃④焉。故栽者培⑤之,倾者覆⑥之。《诗》曰:'嘉乐君子,宪宪令德⑦。宜民宜人,受禄于天⑧。保佑命之,自天申之⑨。'故大德者,必受命。"

【注释】

① 宗庙:古代天子、诸侯祭祀先王的地方。

② 飨:用酒食供奉。之,代名词,指舜。

③ 材:资质,本性。

④ 笃:厚,这里指厚待。

⑤ 培:培育,养育。

⑥ 覆:倾覆,消灭。

⑦ 嘉乐君子,宪宪令德:引自《诗经·大雅·假乐》,大意是:周王令人又爱又敬,品德高尚内心光明。嘉乐,即《诗经》之"假乐","假"通"嘉",意为美善,赞美。宪宪,《诗经》作"显显",光明兴盛的样子。令,美好。

⑧ 宜民宜人,受禄于天:安定百姓,任用贤能,上天就赐给他

福禄。

⑨ 保佑命之，自天申之：意思是上天护佑他，任用他，让他长久地享有福禄。申，通"伸"。

【译文】

孔子说："舜可以说是个最孝顺的人了吧？他具有圣人的高尚德行，身居天子的尊贵地位，拥有整个天下的所有财富。后世在宗庙里祭祀他，子子孙孙永久地保持这种功业。所以，有大德的人一定能够得到他应有的地位，一定能够得到他应有的财富，一定能够得到他应有的名声，一定能够得到他应有的长寿。所以，上天生养万物，必定根据他们的资质而决定是否厚待他们。能够成材的就培育，不能成材的就淘汰。《诗经》上说：'高尚优雅的君子令人又爱又敬，他的品德高尚内心光明，他能任用贤能让人民安居乐业，享受上天赐予的福禄。上天保佑他福禄长享。'所以，有大德的人必定会承受天命。"

【故事】

秦穆公宽仁得贤

秦穆公姓嬴，名叫任好，二十一岁即位成为秦国国君。

秦穆公娶了晋献公的女儿，陪嫁的奴仆中有个叫百里奚的，在半路上逃跑了。秦穆公听说他很有才能，就到处寻访他。百里奚在楚国的边境被当作奸细抓住，他说自己是给有钱人家看牛的，楚国人看他相貌忠厚，年岁又大，就也让他去看牛了。因为他把牛养得都特别肥壮，楚成王又让他去南海养马。

后来秦穆公终于打听到百里奚的下落，立刻准备厚礼，要马上派人去请求楚成王把百里奚送回秦国来。公孙枝连忙阻止他说：

"这可万万使不得啊！楚国人让百里奚看马，就是因为根本不知道他的贤能。现在您用这么贵重的礼物去换他，不就等于明明白白地告诉楚王百里奚的价值吗？您觉得楚王还会把他放回来吗？"

于是，秦穆公就按照普通奴仆的价格准备了五张羊皮，派一位使者带到楚国去。使者见到楚成王后，说秦国有一个奴隶叫百里奚，犯了罪之后逃跑了，听说现在躲在楚国，请求楚王允许他把这个奴隶带回去。说着就奉上了五张黑色的上等羊皮，算作赎金的意思。楚成王连想都没想，当即就让人把百里奚装上囚车，交给秦国使者带了回去。

百里奚一到秦国就被带到了秦穆公面前。穆公一看，自己期盼了这么久的贤士原来是个七十岁的老头，不知不觉就脱口而出说："可惜啊！年纪太大了。"百里奚一听，立刻回答："大王，您要是想让我去追逐天上的飞鸟，或者去捕捉山林中的猛兽，那么我确实是太老了；但如果是让我和大王一起商量国家大事，那我可还不算老呢！"

秦穆公听到这里，对百里奚肃然起敬，当即向他请教使国家强盛的办法。百里奚提出秦国位置进可攻退可守，应该利用有利的地理形势发展军事力量。一番交谈之后，穆公越发觉得这是不可多得的人才，就要封他做上卿，掌管国家大事。百里奚却连连摆手拒绝，他推荐了自己的好朋友蹇叔，说蹇叔的才能远远超过他，应该封为上卿。秦穆公一听还有比百里奚更能干的人，连忙派使者带着重金，到蹇叔隐居的地方去请他。蹇叔为了让好友百里奚能安心地佐政，便随着使者来到了秦国。

秦穆公高兴极了，向他请教治国之道。蹇叔也直言不讳，说秦国威德不够。蹇叔说："要想国家强盛，治法要严，对百姓要宽容，要教化民众遵守礼节。国君则要做到贵贱分明、赏罚公正，不能贪心急躁。如今许多强国的霸业已衰退，只要秦国能慢慢富强起来，那么称霸的日子就不远了。"秦穆公于是封百里奚为左相,封蹇叔为右相,称为"二相"。百里奚是用五张公羊皮赎回来的,所以人称"五羖大夫"。

百里奚又向秦穆公推荐了蹇叔的儿子西乞术、白乙丙。没多久,百里奚的儿子孟明视也投奔到秦国来。这三个人后来都成为秦国有名的大将。

穆公不仅任人唯贤,而且心地仁厚。有一次外出的时候,自己的一匹骏马跑丢了,穆公亲自带着人追出去很远,最后发现那匹骏马已经被三百个山里人抓住杀掉了,正围坐在一起吃肉呢!山民们知道是穆公的马后非常惶恐,把国君的名马杀来吃肉是要被处死的。可是秦穆公却很温和地对他们说:"我听说吃了马肉如果不赶紧喝点酒的话,人是很容易生病的,何况这匹马本来就是精良的骏马,更要当心。"说着就让人拿酒给他们每个人喝,喝完之后就放他们走了。

几年之后,秦穆公带兵攻打晋国,反被晋军围住,穆公乘坐的战车陷入泥沼,眼看就要被抓住或杀死。情况危急时,山上冲下来一支三百人的队伍,个个以死力拼,不仅保得穆公脱险,而且秦国军队声势大振,活捉了晋惠公,大胜回国。经过查问,才知道这支意外出现的队伍就是当年杀马吃肉的那三百山民,因为感念穆公恩德,听说穆公被困,迅速赶来拼死护卫,以报答秦穆公的恩德。

【评论】

秦穆公在位三十九年,任用贤才,为政宽厚,秦国国力日渐强盛,最终成就霸业,成为春秋五霸之一。品德高尚,仁爱宽厚,是秦穆公成就春秋霸业的真正基础。

第十八章　宗庙祭祀的礼法

【原文】

子曰："无忧者，其惟文王乎①！以王季②为父，以武王③为子。父作④之，子述⑤之。武王缵⑥大王⑦、王季、文王之绪⑧，壹戎衣⑨而有天下，身不失天下之显名。尊为天子，富有四海之内。宗庙飨之。子孙保之。武王末⑩受命，周公⑪成文、武之德，追王⑫大王、王季，上祀先公以天子之礼。斯礼也，达⑬乎诸侯⑭大夫⑮，及⑯士⑰、庶人⑱。父为大夫，子为士，葬以大夫，祭以士。父为士，子为大夫，葬以士，祭以大夫。期之丧⑲，达乎大夫；三年之丧，达乎天子；父母之丧，无贵贱，一也。"

【注释】

① 文王：指周文王，西周开国君主，姓姬名昌，在位五十年，统治期间，国力强盛，晚年自号文王。

② 王季：文王之父，名季烈，号称西伯，为殷纣时西方诸侯之长。文王之子周武王即位后，追尊季烈为王季。

③ 武王：西周王朝的建立者。姓姬，名发，他继承父亲文王的遗志，灭掉殷商，建立周朝，建都于镐（今陕西西安市南丰水东岸）。

④ 作：开创。

⑤ 述：继承。

⑥ 缵：继续，继承。

⑦ 大王：王季之父古公亶父。

⑧ 绪：事业。

⑨ 壹戎衣：歼灭殷纣。"壹"同"一"。戎衣，战袍，甲胄之类。

⑩ 末：老，指周武王的晚年。

⑪ 周公：姓姬名旦，武王同母弟，武王死后，成王诵继位，成王年幼，由周公代行国政。故又称"叔旦"，因采邑在周地（今陕西岐山北），世称"周公"。

⑫ 追王：后代以"王"的称号加封先祖叫追王。王，动词用法，尊……为王。

⑬ 达：到，至。

⑭ 诸侯：指西周/春秋时天子分封的各国国君。

⑮ 大夫：古代国君之下有卿、大夫、士三级。

⑯ 及：推及。

⑰ 士：在殷商到春秋时期，士是级别最低的贵族阶层。

⑱ 庶人：西周以后对农业生产者的称呼。春秋时期，他们的地位次于"士"而高于"工商皂隶"。

⑲ 期之丧：一周年的守丧期。

【译文】

孔子说："这世上没有忧愁的人，大概只有周文王一个吧！他有王季这样贤明的父亲，有武王这样英勇的儿子。父亲为他开创了基业，儿子又能继承遗志，完成了他所没有完成的事业。武王继承着亶父、王季、文王的未竟功业，一披上战袍就灭掉殷商，取得了天下。他无愧于这天下显赫的声名。他被天下人尊为天子，拥有四海之内

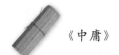
的一切疆土。他世代在宗庙中享受祭祀,子子孙孙永保周朝王业。周武王直到晚年才接受天命,周公旦辅助成王继续完成了文王和武王的德业,追尊太王、王季为王,用天子的礼法来追祀先祖。这些礼法,一直推行到诸侯、大夫,以及士和庶人之间。按这种礼制,如果父亲是大夫,儿子是士,父亲死后就要用大夫的礼仪来安葬、用士的礼仪祭祀。如果父亲是士,儿子是大夫,父亲死后就要用士的礼仪安葬,按大夫的礼仪祭祀。守丧一周年的丧礼适用于从平民到大夫,守丧三年整的丧礼适用于从庶民一直通行到天子。至于为父母亲守丧,没有身份贵贱区别,天子和庶人的服丧期都是一样的。”

【故事】

赵襄子尊礼重法

赵襄子名叫毋恤,是战国时期赵国的创始人,死后谥为襄,史称赵襄子。他是赵简子的小儿子,母亲的地位又非常低,但是他自幼勤奋好学,胆识过人,使得赵简子最终废掉了太子伯鲁,改立他为继承人。

赵简子死后还没来得及落葬,中牟的守将就叛变投靠了齐国。赵毋恤仍然首先按照礼仪将父亲简子安葬。五天后,一切处理妥当,赵毋恤才发兵平叛。他的军队到达后首先包围中牟城,但是包围还没有完全合拢,中牟城的城墙就突然自行倒塌了十来丈。赵毋恤不但不趁机攻城,反而下令鸣金收兵。

军吏们劝谏说:“君王亲自率领兵马征讨中牟守将的罪行,城墙自行倒塌,这说明上天在帮助我们讨伐这些天理难容的罪人,为什么我们要撤退呢?”

毋恤解释道:“我听叔向说过:‘君子不该在自己有利的形势下

去欺凌别人,君子也不该在别人处于险境时去逼迫他。'所以等他们将城墙修好后我们再开始进攻吧!"中牟城内的守将听到赵毋恤如此仁义的话后,就主动请求投降了。

赵毋恤杀掉了他的仇敌智瑶,还把他的头骨涂上漆,用来做盛酒的杯子。智瑶有一个门客叫豫让,在智瑶死后逃到了深山,他在山中磨砺自己,等待时机,要刺杀毋恤为主公报仇。

第一次行刺,豫让改变姓名,装扮成服劳役的罪人,怀揣匕首,混到赵襄子的宫室中打扫厕所。一天,赵襄子上厕所时,忽然感觉到隐隐的杀气,内心不安,便下令搜索,抓获了豫让。赵襄子没有让随从将他杀死,反而说:"豫让真是个有义的人啊!今后我注意防备他就是了。况且,智瑶全族被我灭掉,已经没有了后人,他的臣子还要为他报仇,真是贤人义士之举。"所以就没有杀死豫让,而是亲手释放了他。

豫让被放出来后,刮掉自己的眉毛和胡须,改变了容貌;吞下滚热的火炭,把自己的声音弄哑;又往身体上涂满有毒的漆,使自己全身脓肿长满了癞疮。然后他去沿街乞讨,连他的妻子从他身边走过都没有认出他来。可是有一天一位好朋友认出来了,见他的样子,痛心疾首:"以你的才干,如果投靠赵家,一定会成为亲信,那时你想做什么不是易如反掌吗?何苦自残形体损毁容貌?这样来图谋报仇,不是太困难了吗?"

豫让回答道:"做了人家的臣子,又要图谋人家的性命,这是怀着二心服侍君主,和贼寇有什么区别呢?我现在这种做法,自知极为艰苦,而且不易达到目的。然而我这样做,就是要使后世做臣子而对君主怀有二心的人羞耻惭愧。"

不久,赵襄子乘车出行,豫让潜伏在桥下。赵襄子到了桥上,马突然受惊,派人在附近搜索,果然抓住了豫让。于是赵襄子责问他:

《中庸》

"你当初不也曾是范吉射、中行寅的家臣吗？智瑶灭掉范吉射、中行寅之后，你非但不去报仇，反而做了智瑶的家臣。如今智瑶死了，你却一心一意地要为他报仇，这是为什么？"

豫让答道："我做范氏、中行氏的家臣时，他们只把我当一般的家臣对待。所以，我也以一般人的行为报答他们。而智瑶把我当作杰出的士人而厚待我，所以我也必须以士人的行为来报答他，所以一定要为他报仇雪恨。"

赵襄子被豫让的行为感动，叹息道："豫让呀！你为智瑶竭忠尽义，已经成就名声了；而我曾经宽宏大量赦免你，也算仁至义尽。今天我不能再放你走了。"

豫让从容回答道："我听说贤明的君主不埋没别人的优点，忠诚的臣子有为义而死的责任。上次你已经宽赦了我，天下无人不称赞你的贤明。今天我死而无憾，只求将你的衣服给我一件，让我刺上几剑，以了却我报仇的心愿。"

赵襄子更加感动，于是脱下身上的一件衣服递给他。豫让拔剑而出，三次跳起而刺向衣服，高喊："我如今可以报答智瑶的知遇之恩了。"随后伏剑自杀。

赵襄子能够成就豫让的人臣之义，是因为他非常重视宗法观念。

晋阳被围时期，群臣惶恐不安，都想寻找个人的出路，就显得疏于礼法，对赵襄子也不怎么恭敬，只有高共一个人谨慎恭敬，从不失礼。战争结束，赵襄子获胜，论功行赏的时候，把高共排在第一位。其实高共并没有什么作战的功劳，就有人表示不满和不理解。赵襄子解释说："当初晋阳危急的时候，群臣的礼节全都懈怠了，只有高共对君臣之礼始终一丝不苟，所以我把他排在最前面。"在他看来，恭谨驯顺的臣子比建功立业的干将还要重要，因为后者固然有用，但是如果没有前者，也就无法维持他自己及其家族的统治了。

【评论】

　　赵襄子尊重宗法传统的行为,实际上发挥了维护赵氏宗族内部团结的作用,同时也赢得当时人们的敬重。因而,他能够带领赵家在晋国的残酷夺权斗争中,转化矛盾,败中取胜,终于使赵氏具备了位列诸侯的势力,最终建立了赵国。

 《中庸》

第十九章　最高标准的孝道

【原文】

子曰:"武王、周公,其达①孝矣乎! 夫孝者,善继人②之志,善述人之事者也。春秋③修④其祖庙⑤,陈其宗器⑥,设其裳衣⑦,荐其时食⑧。宗庙之礼,所以序昭穆⑨也;序爵⑩,所以辨贵贱也;序事⑪,所以辨贤也;旅酬⑫下为上,所以逮贱也⑬。燕毛⑭,所以序齿⑮也。践⑯其位,行其礼,奏其乐,敬其所尊⑰,爱其所亲⑱,事死如事生⑲,事亡如事存,孝之至也。郊社之礼⑳,所以事上帝也;宗庙之礼,所以祀乎其先也。明乎郊社之礼、禘尝㉑之义,治国其如示㉒诸㉓掌㉔乎!"

【注释】

① 达:通"大"。

② 人:祖先。

③ 春秋:一年四季的代称。

④ 修:整理。

⑤ 祖庙:宗庙,古代帝王、诸侯、大夫或士为维护宗法制而设立的祭祀祖宗的场所。

⑥ 陈其宗器:陈,陈列。宗器,祖宗先辈收藏的贵重器具,用于

礼乐。

⑦ 裳衣：指先祖宗遗留的衣服。裳是下衣，衣是上装。

⑧ 荐其时食：荐，进献，献上。时食，四季不同的新鲜食物。

⑨ 序昭穆：排列昭穆的次序。宗庙的次序是有规定的，始祖庙的牌位居中，以下二世、四世、六世，位于始祖的左方，称为昭。三世、五世、七世位于右方，称为穆。

⑩ 序爵：按官爵大小排序，为公、侯、卿、大夫。

⑪ 序事：按在祭祀中担任的职务排列先后次序。事，职事，职务。

⑫ 旅酬：这里指的是祭祀即将结束时，旁系亲族兄弟（宾）向直系亲族兄弟（主）依次序敬酒。旅，众。酬，以酒相劝为酬。

⑬ 所以逮贱也：这句的意思是祖宗的恩惠荣誉达到在下位的卑贱者。逮，及，到。贱，在下位的人。

⑭ 燕毛：指祭祀完毕，按照年龄大小安排宴会的座次，年长者居上位。燕，同"宴"，宴会。毛，毛发，头发，指年龄。

⑮ 齿：齿，年纪。

⑯ 践：踩，踏。

⑰ 所尊：指的是先王之祖考。

⑱ 所亲：指的是先王之子孙、臣庶。

⑲ 事死如事生：侍奉死者如同侍奉生者。

⑳ 郊社之礼：祭祀上帝和春、夏、秋、冬四时迎气都叫郊礼。祭祀水土之神叫社礼。周朝在冬至时，在南郊举行祀天的仪式，称之为"郊"；夏至时，在北郊举行祭地的仪式，称之为"社"。

㉑ 禘尝：《礼记·王制》："天子诸侯宗庙之祭，春曰礿，夏曰禘，秋曰尝，冬曰烝。"

㉒ 示：同"视"。

㉓ 诸：之于。

㉔ 掌：手掌。

【译文】

孔子说："周武王和周公旦要算是最守孝道的人了吧！所谓的孝道，就是善于继承先人的遗志，善于继承先人未竟的事业。每到春、秋两季祭祀的时节，休整好祖宗庙宇，陈列好祖先遗留下的重器，摆放好先王遗留下来的衣裳，供上应时的鲜美食品。宗庙祭祀的时候，要把父子、长幼、亲疏的左右先后次序排列出来；把爵位的次序排列出来，是要区别地位高低；把执事职位的次序排列出来，是为区分才能的高低；祭后敬酒，晚辈必须先向长辈举杯，这样祖先的恩惠就会延及晚辈；宴饮时按头发黑白颜色来决定座次，是要区分长幼秩序。站在祖先的神位前，举行先王传下的祭礼，演奏先王时代的音乐，尊敬先王所恭敬的人，热爱先王所热爱的人。侍奉死去的人就像侍奉他在世一样；侍奉亡故的人就像侍奉他活着一样，这是孝的最高境界。郊礼和社礼，是用来祭祀天地的；宗庙的礼节，是用来祭祀祖先的。懂得了郊社的礼节、宗庙中四时祭礼的意义，那么治理天下国家的道理，也就像放在自己手掌上的东西一样，很容易被看清楚了！"

【故事】

舜帝至孝致圣

舜，史称虞舜，因为他眼睛里各有两个瞳子，就取名叫重华。因为生于姚地，所以也称姚舜。舜虽然是帝颛顼的后裔，但已经五世为庶人，处于社会下层，生活非常贫苦。舜的父亲瞽叟是个盲人，而且性格顽固。舜出生不久母亲就去世了，后来父亲续娶了继母壬女。壬女对舜很不好,生了弟弟象和妹妹婐手后,就更加虐待舜了。

舜每天不仅要放牛羊、挖野菜、打猪草、煮饭做家务,还要照看弟弟妹妹,伺候瞽叟和壬女。但是壬女仍然对他不是打就是骂,一心想要把他赶出家门。眼睛看不见的父亲一方面听信壬女的挑拨,一方面把注意力转移到小儿子象的身上,也越来越不喜欢舜。一天天长大的象在母亲的影响下,对舜这个兄长充满了仇恨。舜在家中常常只能看着后母所生的儿女吃饱喝足,他只能空着肚子去睡觉。然而不管后母如何待他,他总是笑脸相迎、恭恭敬敬。

有一年冬天,天气特别寒冷,舜的身上还只穿着两件单衣,冻得瑟瑟发抖。邻居秦老汉实在看不过去了,替舜出面,并希望舜的父亲能送舜去读书。但舜的父亲和后母却坚持要舜放牛。后来,在邻居秦老汉和善良的教书先生的帮助下,舜得到了在放牛时学习的机会。他学到了很多的知识和道理,比如:一个人无论天资多么聪颖、品德多么高尚,"学问"都是一生必须要追求的。而要想求得学问,就必须读书识字,同时还要诚实做人、脚踏实地。

舜到了十六岁,生得体格高大,看上去就像成年人一样。后母规定他从早到晚都必须在田里耕作,连中餐也不准回去吃。有人问他中午为什么不回去吃饭,他就回答说:"农家以节俭为本,一天吃两餐也就够了,何必要吃三餐呢?"他渐渐得到当地人的敬重和称誉,但舜仍然经常被无缘无故地逐出家门。

舜的日子虽然清苦,却一直没有停止学习,他还曾经把八岁的儿童蒲衣子当作老师,向他学习了很多道理。

舜非常聪明细心,当他察觉到父母、兄弟要害他的时候,他就远远躲开,只要家里人需要他帮助的时候,就立刻又回到家里。他在家里总是孝敬父母、友爱兄弟,尽心尽力做好自己的本分,艰苦维持着家庭的和睦。

《中庸》

渐渐地，舜的仁慈和孝心得到了人们的赞颂和传扬，大家都认为他很有德行，纷纷效仿他。他在历山种田，历山的人就变得互相谦让；他在雷泽打鱼，雷泽附近的人便开始崇尚礼让；他在河滨制作陶器，那里的人便一改粗制滥造的作风……他到哪里，人们就跟到哪里，然后那个地方一年就能聚集成为村落，两年就能成为城镇，三年便成为都市了。他的声名传播得越来越广，最后传到了尧帝那里。尧帝正在选择天子的继承人，他就决定仔细地考察一下舜的为人和各方面的能力。

舜三十岁时，道德修养已经很高了。他多次耕作的历山，也一改从前人烟稀少的荒僻，发展成了一个大都会，但他却依然不能得到家庭的温暖。有一天种田的时候，舜看到一只鸟从高空飞过，就随口唱起歌来："涉彼历山兮崔嵬，有鸟翔兮高飞。思父母兮历耕，日与月兮往如驰。父母远兮吾将安归？"唱完之后，悲从中来，忍不住放声大哭。就在这时候，尧帝派人来找到他，要把自己的两个女儿娥皇和女英嫁给他。

舜有了两个美丽贤惠的妻子，生活美满，劳作的心劲更大了。他谷仓里的粮食一天比一天多，圈里的牛羊一天比一天肥，他也越来越想念爹娘了。于是，他带着两个妻子和很多礼物回去看望父母和弟弟妹妹。可是这让继母和弟弟眼红了，想要霸占他的财产，还想抢夺他的妻子。舜回历山之后，他们一家人坐在一起商量了一夜，要把舜害死。

有一天天气很热，象去找舜来帮忙修谷仓，舜痛快地答应了。当他在谷仓顶上忙碌的时候，一家人却把梯子撤掉，放火点着了谷仓想把舜烧死。情急之下，舜手里拿着两个大斗笠跳了下来，没有摔死。

象一家人不甘心，他们把舜找来，赔礼道歉之后，请他帮忙淘水井，舜又答应了。等舜下到了井底专心工作的时候，一家三口把用来上井的绳子收了，还用铁锹往井里填土，想要把舜埋在里面。幸亏这次舜比较警觉，事先在井壁上挖了一个可供藏身的洞，之后又顺势挖了一条窄窄的道路逃出来。

象和瞽叟还在上头填土，甚至砸下一些石头和泥块来，一会儿就把水井填了半截，最后还搬了一扇石磨，把井口盖得严严的。一家人以为阴谋得逞了，就欢天喜地地跑到舜家里，想要分舜的财产。

商量怎么分财产的时候，象连忙说这主意是他想出来的，他要舜的琴，还要尧的两个女儿给他做妻子，牛羊和仓房则分给父母。象就以主人的姿态坐在舜的房子里，还弹起了舜的琴。正在这时候，舜从外面走了进来。象大吃一惊，极为懊恼，嘴里却说："我正在思念你，心里忧愁得很啊！"舜也没放在心上。他第二天又去把那口填了半截的井挖开了。井里的水四季旺盛，源源不绝。后来舜做了帝王，人们就把那口井叫成了舜王井。

发生了这些事情，舜依然一如既往地对父母尊敬孝顺、对兄弟友爱照顾，甚至比以前更加诚恳谨慎。

尧对舜的表现越来越满意：派他负责推行德教，舜就用"五典"（即"父义、母慈、兄友、弟恭、子孝"）来教导臣民；让他处理政务，则百官听令、百事振兴；让他接待四方来朝见的诸侯，结果诸侯们都很敬重他；让他独自去森林中，舜能在暴风雷雨中不迷失方向，显示出很强的生活能力。

最后，尧觉得舜的能力已经足够了，便把政事全都交给他。又过了二十多年，尧在临死前把帝位禅让给舜。舜登天子位后，对父亲仍然恭敬有礼，还把象封为诸侯。

【评论】

孟子对弟子说过：地位、财富、影响、美色等等都不能纾解人的

忧虑，只有孝敬父母才可以。一般人只有在小时候才懂得尊重父母，长大了就追求美色、财富、地位、官职，此时唯有真正的孝子才会继续尊重孝敬父母，到五十岁还这么做的人，我只见到舜一个而已。舜帝至诚至孝而成天子，更成为中国远古最贤明的圣王之一，他治理下的中国也成为后人向往的理想世界。

第二十章　治理天下的法则

【原文】

哀公^①问政。

子曰："文武之政，布^②在方策^③。其人^④存，则其政举；其人亡，则其政息^⑤。人道敏^⑥政，地道敏树。夫政也者，蒲卢^⑦也。故为政在人，取人以身，修身以道，修道以仁。仁者，人也，亲亲为大。义者，宜也，尊贤为大。亲亲之杀^⑧，尊贤之等，礼所生也。故君子不可以不修身；思修身，不可以不事亲^⑨；思事亲，不可以不知人^⑩；思知人，不可以不知天。"

天下之达道^⑪五，所以行之者三。曰君臣也，父子也，夫妇也，昆弟^⑫也，朋友之交也，五者，天下之达道也；知、仁、勇三者，天下之达德^⑬也。所以行之者一也。或生而知之，或学而知之，或困而知之，及其知之，一也。或安而行之，或利而行之，或勉强而行之，及其成功，一也。

子曰："好学近乎知。力行近乎仁。知耻近乎勇。知斯三者，则知所以修身；知所以修身，则知所以治人；知所以治人，则知所以治天下国家矣。"

凡为天下国家有九经^⑭，曰：修身也，尊贤也，亲亲也，敬大臣也，体^⑮群臣也，子庶民^⑯也，来^⑰百工^⑱也，柔远人^⑲也，怀^⑳诸侯也。

修身,则道立。尊贤,则不惑㉑。亲亲,则诸父昆弟不怨。敬大臣,则不眩㉒。体群臣,则士之报礼重。子庶民,则百姓劝㉓。来百工,则财用足。柔远人,则四方归之。怀诸侯,则天下畏之。

齐明盛服,非礼不动,所以修身也;去谗㉔远色,贱货而贵德,所以劝贤也;尊其位,重其禄,同其好恶,所以劝亲亲也;官盛㉕任使㉖,所以劝大臣也;忠信重禄,所以劝士也;时使㉗薄敛㉘,所以劝百姓也;日省月试,既禀㉙称㉚事,所以劝百工也;送往迎来,嘉善而矜㉛不能,所以柔远人也;继绝世㉜,举废国㉝,治乱持㉞危,朝聘㉟以时,厚往而薄来,所以怀诸侯也。凡为天下国家有九经,所以行之者一也。

"凡事豫㊱则立,不豫则废。言前定则不跲㊲,事前定则不困,行前定则不疚,道前定则不穷。在下位不获乎上,民不可得而治矣;获乎上有道:不信乎朋友,不获乎上矣;信乎朋友有道:不顺乎亲,不信乎朋友矣;顺乎亲有道:反诸身不诚,不顺乎亲矣;诚身有道:不明乎善,不诚乎身矣。诚者,天之道也;诚之者,人之道也。诚者不勉而中,不思而得,从容中道,圣人也。诚之者,择善而固执之者也。"

"博学之,审问之,慎思之,明辨之,笃行之。有弗学,学之弗能,弗措㊳也;有弗问,问之弗知,弗措也;有弗思,思之弗得,弗措也;有弗辨,辨之弗明,弗措也。有弗行,行之弗笃,弗措也。人一能之,己百之,人十能之,己千之。果能此道矣,虽愚必明,虽柔必强。"

【注释】

① 哀公:春秋时鲁国国君。姓姬,名蒋,"哀"是谥号。

② 布：陈列。

③ 方策：典籍。方，方版，古时书写用的木板。策，竹简。

④ 其人：文王、武王。

⑤ 息：灭，消失。

⑥ 敏：勉力，勤奋。

⑦ 蒲卢：芦苇。芦苇性柔而具有可塑性。

⑧ 杀：减少，降等。

⑨ 事亲：侍奉亲人。

⑩ 知人：知道、了解别人。

⑪ 达道：天下人所共行的大道。

⑫ 昆弟：兄和弟，也包括堂兄堂弟。

⑬ 达德：通行不变的美德。

⑭ 九经：儒家主张的治理天下国家的九条准则。经，准则。

⑮ 体：设身处地地去体察，体恤。

⑯ 子庶民：以庶民为子。子，动词，指爱护。庶民，平民。

⑰ 来：招来。

⑱ 百工：各种工匠。

⑲ 柔远人：安抚边远地区的人。

⑳ 怀：安抚。

㉑ 不惑：不疑于理。

㉒ 不眩：不迷于事。

㉓ 劝：勉力，努力。

㉔ 谗：说别人的坏话，这里指说坏话的人。

㉕ 盛：多。

㉖ 任使：足够使用。

㉗ 时使：指使役百姓有一定的时间，不误农时。

㉘ 薄敛：赋税轻。

㉙ 既禀：古代按月付给的工资。既，即"饩"，指赠送别人粮食或饲料。禀，给予粮食。

㉚ 称：符合，相当。

㉛ 矜：怜悯，同情。

㉜ 继绝世：延续已经中断的家庭世系。

㉝ 举废国：复兴已经没落的邦国。

㉞ 持：扶持。

㉟ 朝聘：诸侯定期朝见天子。比年一小聘，三年一大聘，五年一朝聘。

㊱ 豫：同"预"，预谋。

㊲ 跲：这里指说话不通畅。

㊳ 弗措：不甘休。弗，不。措，停止，搁置。

【译文】

鲁哀公向孔子询问治国政事。孔子说："周文王、周武王的治国方略都记载在典籍上。他们在世，这些政令就得以实施；他们去世，政令也就随之废弛了。治理民众的途径是勤于政事；治理土地的途径是勉力种植。国家政事就像芦苇一样。所以治理国家就在于获得人才，获得人才要求君主提高自己的修养，修养自己在于遵循大道，遵循大道要从仁义做起。

"仁的意思就是爱人，亲近自己的亲族是最大的仁。义的意识就是事事做得适宜，尊重贤人是最大的义。亲近自己的亲族要分亲疏，尊重贤人要有等级，这都是礼的要求。所以，君子不能不重视品德修养。想要修养品德，不能不待奉好亲人；要待奉好亲人，不能不了解别人；要了解别人，不能不知道天命所在。"

天下人所通行共有的伦常关系有五项,用来处理这些伦常关系的德行有三种。君臣、父子、夫妇、兄弟、朋友之间的交往,这五项是天下人共有的伦常关系;智、仁、勇,这三种是天下公认的美德。至于这三种美德的实施,道理都是一样的。比如说,有的人生来就懂得它们,有的人通过学习才懂得,有的人要遇到困难后才懂得,但只要他们最终都懂得了道理,也就是一样的了。又比如说,有的人自觉自愿地去实行,有的人为了谋取利益才去实行,有的人要勉勉强强地去实行,但只要他们最终都成功实行了,也就是一样的了。

孔子说:"喜欢学习就接近智慧,努力实行善就接近仁爱,知道羞耻就接近勇敢。知道这三点,就知道如何修身了;知道如何修身,就知道如何治理民众了;知道如何治理民众,也就知道如何治理天下国家了。"

举凡治理天下和国家有九条法则。那就是:修养自身,尊崇贤人,亲近亲人,敬重大臣,体恤群臣,爱民如子,招来各行各业的工匠,优待边缘地区的民众,安抚各国诸侯。修养自身就能确立中庸之道;尊崇贤人遇事就不会困惑;亲近亲人就不会惹得叔伯兄弟抱怨;敬重大臣就不会遇事没有主张;体恤群臣,士人们就会竭力报效;爱民如子,老百姓就会忠心耿耿勉力行善;招来各种工匠,国家财物就会充足;优待远客,四方百姓就会归顺;安抚诸侯,天下的人就都会敬畏服从了。

像斋戒那样净心虔诚衣冠齐整,不符合礼仪的事坚决不做,这是修养自身的方法;摒弃谗言,疏远女色,轻视财物而重视品德,这是尊崇贤人的方法;提高亲族的地位,增加他们的俸禄,与他们爱憎一致,这是人们亲爱自己亲人的方法;让众多的官员供他们使用,这是敬重勤勉大臣的方法;真心诚意地任用他们,并给予优厚的俸禄,这是鼓励士人的方法;使民服役不误农时,减少赋税,这是鼓励百姓

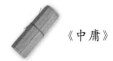

的做法；经常视察考核，按劳付酬，这是鼓励各种工匠的做法；客人来时欢迎，去时欢送，嘉奖有才能做好事的人，救济关怀有困难能力弱的人，这是安抚偏远地区人士的做法；延续那些绝嗣的诸侯家族，帮助复兴灭亡的诸侯国，治理祸乱，扶持危难，按时接受朝见，赠送从厚，收受从薄，这是安抚各国诸侯的办法。总而言之，治理天下国家有九条法则，实行的方法都是一样的。

"举凡一件事情，事先做好准备就能成功，没有准备就会失败。说话之前做好准备，就不会结结巴巴；办事之前做好准备，就不会困惑犹豫；行动之前做好准备，就不会后悔；上路之前做好准备，就不会陷入绝境。在下位的人，如果得不到在上位的人信任，就不可能治理好民众。得到在上位的人信任是有规则的：得不到朋友的信任就得不到在上位的人信任；得到朋友的信任是有规则的：不孝顺父母就得不到朋友的信任；孝顺父母是有规则的：反躬自省而不诚心的，就不能孝顺父母；使自己内心真诚是有规则的：不明白什么是善就不能够使内心真诚。真诚，是天理的根本，努力做到真诚，是为人的根本。天生的真诚，不用勉强就能做到，不用思考就能做到，自然而然地符合中庸之道，圣人就是这样的。努力做到真诚的人，就是选择善道而执着追求的人。"

"广泛地学习，详细地询问，严谨地思考，清楚地辨别，忠实地实行。要么不学习，学了没有学会绝不甘休；要么不询问，问了没有得到要领绝不甘休；要么不思考，思考了没有收获绝不甘休；要么不分辨，分辨了没有弄清楚绝不甘休；要么不实行，实行了没有达到目的绝不甘休。别人用一分努力能做到的，自己用一百分的努力去做总可以做到；别人用十分的努力做到的，自己用一千分的努力去做总可以做到。如果真的能够按这种方法去做，即使是愚蠢的人也一定可以聪明起来，即使是软弱的人也一定可以刚强起来。"

秦穆公三用孟明视

秦穆公把百里奚与蹇叔封为左右二相之后，秦国国力越来越强盛，在诸侯国中的地位越来越突出，穆公称霸的目标似乎也越来越近了。

晋文公死后，杞子从郑国派人送信回来，说："郑国人把北门的钥匙交给我了，如果秦国悄悄地派军队来偷袭，我会在里面打开城门接应，吞并郑国不是很容易吗？"秦穆公向百里奚和蹇叔征求意见，他们都极力反对："路经好几个国家千里迢迢地去偷袭人家，很难得到什么好处。郑国也一定会得到消息，提前防备。何况郑国有人卖郑，我们又怎么能保证秦国就没有人卖秦呢？不要去。"秦穆公听不进去，坚持要发兵。

穆公派了三位将军领兵，一个是百里奚的儿子孟明视，另外两个是蹇叔的儿子西乞术和白乙丙。军队出征那天，蹇叔哭着来为军队送行，并且对自己的儿子说："你们这次是必然失败有去无回啊！晋国的军队一定会在崤山狙击，看来我也只能等待着到那里去为你们收尸了！"秦穆公听了气急败坏地说："你要是中寿之命的话，你坟上的树都已经长成材了！"

秦国的军队浩浩荡荡向郑国前去，路上碰到了郑国商人弦高，他一面派人回去传信，一面赶着十二头牛送到秦国的军营，假装说自己是郑国的使者，郑王特意派来慰劳秦军的。秦军一看，这说明郑人早就得到消息，如今已经准备好以逸待劳了，继续前去偷袭也就没有意义了。于是掉转兵马往回走，路过晋国边境滑的时候，顺手就把滑灭了。

《中庸》

这时晋国正在为春秋五霸之一的晋文公办丧事,刚刚即位的晋襄公听到秦军灭滑的消息不由得怒火冲天:"秦国这是欺侮我丧君丧父,在我们国丧期间侵犯我的城邑!"于是他穿着黑色丧服亲自统领兵士,在崤山狙击了秦军,秦国的士兵几乎全部死在山谷里,三个将军则一起被抓住带回去。

晋文公重耳的夫人怀嬴是晋襄公的亲生母亲,也是秦穆公的女儿,她对襄公说:"听说你虏来了秦将孟明视、西乞术、白乙丙。秦国和晋国原本是亲戚,一向彼此帮助。孟明视这帮武人为了自己要争功,才闹得两国伤了和气。秦国国君如果现在得到这三个人,吃他们的肉恐怕都嫌不解恨。要是晋国把他们杀了,两国的冤仇会越结越深,不如把他们放了,让秦君自己去惩办他们,不是更好吗?"晋襄公听信了母亲的话,放走了孟明视、西乞术、白乙丙。

晋国的大夫老臣先轸入朝,问起秦国的三位将领,知道他们已经被放走后,大怒说:"晋军那么多将士,拼着自己的性命,才把这三个人从战场上虏回来,你却因为妇人的几句鬼话就放他们回去。我看晋国的灭亡就在眼前了!"一边说一边气得直往地上吐口水。

晋襄公这时候也后悔了,就派阳处父带了一队人马去追他们回来。可是孟明视三人一被释放就立刻飞奔逃跑,当晋军追赶到黄河边上时,三个人已经上了一艘小船离岸了。

阳处父在岸边高喊:"我们主公忘了给你们准备车马,特地叫我赶来送几匹好马,请你们回来收下!"孟明视哪里肯上这个当,他站在船头行了礼,说:"承蒙晋君宽恕我们,已经万分感激,哪里还敢再收受礼物。如果我们回去还能保全性命,那么,三年之后,再来报答贵国吧!"一边说着,那艘小船就越划越远了。

阳处父向晋襄公回报了孟明视的话,晋襄公懊悔不及,但也无可奈何了。

孟明视三人回到秦国。秦穆公穿了素服,亲自到城外去迎接,并且设宴款待他们,还说:"都是因为我不听百里奚、蹇叔的话,让你们三位受辱了!"三个人跪在地上请罪。秦穆公却说:"这是我的不是,哪儿能怪你们呢?再说,我也不能因为一个人犯了一点小过失,就抹杀他的大功啊!三位将军今后不忘报仇雪耻就是了。"酒宴结束后,穆公仍让他们三人做将军,训练军队,准备报仇雪耻。

三年后,孟明视等人再次率兵伐晋。晋国方面是以先轸的儿子先且居和赵衰为将,他们早就渡过黄河,在彭衙堵住秦兵。两国军队在彭衙交战,孟明视带领的秦军被打得大败。

孟明视再次打败回国,更加羞愧。可是秦穆公仍然和上一次一样,没有责怪和惩罚,只是说让他们好好练兵,准备报仇。

又一年过去,孟明视等人经过更加艰苦努力的训练,已经人强马壮,于是第三次起兵伐晋。这次,秦国的军队渡过黄河之后,就焚烧了战船,表示不留退路,争取必胜的决心。终于大败晋军。

秦穆公听到得胜的消息,就亲自由茅津渡河,来到崤山,把当初第一次征讨晋国而死去的士卒尸骨收殓埋葬,并且树立了标记。

穆公身穿孝服,主持丧事,痛哭失声。他向秦国的军队说:"古人说做事要和老年人商议,才能少出错。正是因为我不听蹇叔和百里奚的劝告,才使我们的士卒死了这么多人。我发誓记住这次教训,并且希望后世也牢记我的过错!"

【评论】

秦穆公不因失败来评判惩罚将领,而是首先由自己承担战败的责任,连续三次任用孟明视出征晋国,终于取胜。他身为一国之君,能公开向将领和士兵认错道歉,还要求后世牢记他犯下的过错。这种发自内心的诚意是君子和圣人才能做到的。

第二十一章　天性教化的差异

【原文】

自①诚明，谓之性；自明②诚，谓之教。诚则③明矣；明则诚矣。

【注释】

① 自：从，由。

② 明：明白。

③ 则：即，就。

【译文】

由于真诚而自然地明辨事理，这称为天性；由于明理而做到真诚，这称为人为的教育。真诚就能使人自然明理，明理后也能使人做到真诚。

【故事】

张良圯上受书

张良原本是韩国的贵族，他的家族连续三代都是韩国的丞相，本来也应该姓韩。后来韩国渐渐衰落，最后被秦国所灭，只有二十来岁的张良忽然失去了继承父亲事业的机会，丧失了显赫荣耀的地位，因此他怀着亡国灭家的仇恨，离开家乡，一心图谋反秦复韩。

张良先到东方去拜见仓海君，共同商定了谋杀秦始皇的行动计划。当时秦始皇正在东巡途中，张良打听到秦始皇的巡游车队即将到达阳武县，就决定在去阳武县的必经之地——古博浪沙埋伏刺杀。当时他的弟弟刚刚死去，他也顾不得埋葬，还散尽了所有的家财，找到一个大力士，为他打造了一把重达一百二十斤的大铁锤，然后在博浪沙等待秦始皇的巡游队伍。按照君臣车辇规定，天子六驾，也就是说秦始皇所乘坐的车辇应该由六匹马拉车，其他大臣则是四匹马拉车，因此他们刺杀的目标是六驾马车。

秦始皇的三十六辆车队由西边远远地向博浪沙走过来了，只见最前面由鸣锣开道，紧跟着是马队清场，黑色的旌旗仪仗队走在最前面，车队两边大小官员前呼后拥，气势非凡。见此情景，张良与大力士可以确定这是秦始皇的车队了。但是他们立刻发现所有车辇都是四驾，已经没办法分清哪一辆是秦始皇的座驾了，最后只好选定车队最中间最豪华的那辆车。于是，一百二十斤的大铁锤突然呼啸而来，直接准确地砸中目标，一下子将乘车者击毙。张良趁乱迅速钻入芦苇丛中，逃离现场。

然而，秦始皇因为屡屡遇刺，非常警觉，早就预先做了防范，不仅所有车辇全部四驾，他还时常换乘座驾，张良自然无法得知哪辆车中是秦始皇。被大力士击毙命的其实是副车，秦始皇幸免于难，随即下令在全国大肆搜捕凶手，找了十天没有找到，之后也就不了了之了。古博浪沙从此一举成名。

张良隐姓埋名，逃到下邳躲藏起来，静静等候风声过去。下邳有条河叫沂水，沂水上有座圯桥，张良经常到这里散步。一天，他又散步来到河边桥头，迎面遇到一个穿着粗布短袍的老翁。这个老翁走过张良身边时，故意把鞋子甩落到桥下，然后傲慢地差使张良：

"小子，下去把鞋给我捡回来！"张良虽然惊愕，但看在对方是个老者份上，还是强忍心中的不满，违心地替他取了上来。哪知道这个老人又跷起脚来，命令张良给他把鞋子穿上。张良心里真想挥拳揍他，但因为经历过很多磨难，性格已经比较隐忍了，所以就忍着气帮老人穿好了鞋。老人站起身来，非但没说一个谢字，反而仰面大笑着就走了。

张良看着这个奇怪老人的背影直发呆。那老翁大概走出一里地之后，又返身回到桥上，对张良赞叹了一句："孺子可教矣。"约张良五天后的凌晨再到桥头相会。张良不明白怎么回事，但还是恭恭敬敬地答应了。

五天后的鸡鸣时分，张良急匆匆地赶到桥上，却看到那位老人早已经在桥头坐着等他了。他一看见张良来到，就十分生气地斥责道："与老人相约，也敢耽误时辰迟到吗？我没什么话跟你说了，你五天后再来吧！"说完就起身走了。

又过了五天，张良特意提前一个时辰来到桥上等待老人，谁知道老人又已经在桥头等着他了。更加严厉地把他斥责了一番，仍然什么都没说，约了五天后第三次见面就走了。

张良知道老人是故意提前早到的，下定决心第三次一定要赶在老人之前。于是，又一个五天之后，张良索性在半夜时分就跑到桥头去等着了。果然在黎明之前，看到老人向桥上走来了。

老人对他十分嘉许满意，于是送给他一本书，说："读了这本书就可以统帅王者的军队。十年之后天下必然大乱，你可以用这本书来兴邦立国，十三年后再来见我。"说完就扬长而去。这个老人就是传说中非常神秘的黄石公，后来人们也称他为圯上老人。

张良对这番奇遇又惊又喜。好不容易等到天亮，捧起书一看，是老人所著的一部《素书》，里面讲述了如何用人，如何治国安邦，如何修养自身以及如何处世。从此，他日夜研习这本书，终于成为一个深明韬略、文武兼备、足智多谋的"智囊"。

在风起云涌的秦末农民起义中，张良也聚集了一支一百多人的队伍，投奔刘邦。不久又说服项梁把韩国的贵族成立为韩王，自己则成为韩王手下的申徒。之后张良曾以韩国申徒的职位协助刘邦平定关中，在鸿门宴上帮助刘邦脱离险境，灞上分封时"为汉王请汉中地"。后来韩王成被项羽杀死，张良眼看复韩无望，就又回去投奔刘邦，帮助他夺取天下建立汉朝。汉朝建立之后，张良被封为封留侯。刘邦曾当众称赞他"运筹帷幄之中，决胜千里之外"。

【评论】

宋朝大学士苏东坡在《留侯论》中评论张良圯上受书这桩奇事，认为桥上老人之所以傲慢无理、言行苛刻地对待张良，其用意在于考验张良的忍耐性。古往今来能成为豪杰的人，都具有胜于常人的气节、操守和度量。老人三番两次地刁难，就是想让张良能忍得住小怨愤以成就大谋略。而张良也承受了考验，获得奇书，最后功成名就，实现了自己的人生价值。

第二十二章　真诚可至的成就

【原文】

　　唯天下至诚,为能尽其性①;能尽其性,则能尽人之性;能尽人之性,则能尽物之性;能尽物之性,则可以赞②天地之化育③;可以赞天地之化育,则可以与天地参④矣。

【注释】

① 尽其性:充分发挥本性。

② 赞:助。

③ 化育:化生和养育。

④ 与天地参:与天地并列为三。参,并列。

【译文】

　　只有天下最真诚的人才能充分发挥他天赋的本性;能充分发挥自己的本性,就能充分发挥众人的本性;能充分发挥众人的本性,就能充分发挥万物的本性;能充分发挥万物的本性,就可以帮助促进天地间万事万物的化生和培育;能帮助天地培育万物,就可以与天地并列为三了。

齐桓公庭燎求贤

　　齐桓公就是公子小白，他在赶回齐国即位的路上，曾被管仲射了一箭，只是因为恰好射中了衣带钩才免于一死。他当了齐国国君之后，不但没有杀死管仲，反而任用管仲做了齐国丞相。之后，正是在管仲的倾力辅佐之下，才成就了霸王之业。

　　有一个卫国人叫宁戚，一心想要施展自己的才华，建功立业，但他非常贫困，没办法得到举荐的机会。他听说齐桓公广求天下贤才，就找到一个卫国商人，替他赶着货车到齐国去，希望能找到机会推荐自己。

　　他们在傍晚时分来到齐国都城，就露宿在城门外，打算第二天进城贩卖货物。这一天，齐桓公恰好在郊外迎接宾客，夜里才带着众多人马回城。城门再次打开，附近装载货物的车子纷纷退让到一旁，人声嘈杂，火光通明。这时，宁戚正在车下喂牛，他远远地望见了齐桓公，心中涌起悲伤感慨，就敲着牛角大声唱起歌来。齐桓公听到这样高亢的歌声，非常意外，他细细品味歌词之后赞叹道："真是与众不同啊！这个唱歌的人一定不是凡俗之辈！"当即下令把宁戚带回宫去。

　　回到宫中后，侍从们都不知道该拿宁戚怎么办，请示齐桓公。齐桓公让人给他换上崭新的衣服和帽子，随即就召见了他。宁戚一见到齐桓公，就讲述了很多治国方略，劝说齐桓公。齐桓公非常满意，第二天就再次召见了他。这一次，宁戚向齐桓公阐述治理天下的道理，齐桓公更加高兴了，于是准备任命宁戚担任要职。

　　齐国的众多大臣听到了这个消息，纷纷表示担忧，跑来劝谏齐桓公说:"宁戚是卫国人,我们对他的来历底细都不清楚,还是先派人去调查核实一下。如果这个人确实贤德,再任用也不迟啊!"齐桓公却笑着摇摇头说不必,"任用人家,心里却还怀疑他,这正是很多君主失去民心、导致人才流失的原因啊!"齐桓公于是对宁戚委以了重任,没有听从大臣的意见。

为了表现自己广集贤士的决心,齐桓公还曾经在宫廷前点燃起明亮的火炬,表示自己准备不分昼夜随时接待各地前来觐见的人才。可是,宫廷前的火炬燃烧了整整一年,求贤若渴的齐桓公都没有见到一个人上门。

一年之后,终于从东野地方来了一个地位十分低下的人求见,齐桓公非常高兴,立刻接见。他满怀喜悦和期待地问这个人有什么才能,来人回答说:"我会九九算术啊!"齐桓公一听失望极了,在齐国会九九算术的人很多,一点都不稀奇。他说:"九九算术也能被当作一技之长拿来见我吗?"

东野之人则回答说:"大山从不拒绝任何细小的石头,所以才能成为巍峨的大山;江海从不拒绝任何细小的溪流,所以才能成为广阔的江海。《诗经》里曾经说过'先民有言,询于刍荛',教导身居高位施政的人们要广泛征询意见,包括那些以割草打柴为生的人。九九之术的确不算什么高深的学问,但是如果您也能做到以礼相待的话,还用担心那些比我高明的贤能之士不来吗?"

齐桓公听了,认为这个东野之人说得很有道理,就非常尊敬地按照庭燎之礼接待了他。果然如他所说,这件事迅速传播出去,一个月之后,来自四方各国的贤士们就接踵而至了。

为了更广泛地召集天下人才,大开贤路,齐桓公不但设立了庭燎之礼,还注意接待好各诸侯国的客人。他委派隰朋管理东方各国的事务,委派宾胥无管理西方各国的事务。在齐国国内,每隔三十里就设置一个驿站,储备一些食品和物资,派专门的人去管理。凡诸侯各国来的官吏,派专人赶着马车为他们负载行装。官吏们如果需要住宿的话,就派人替他喂马并用准备好的食品好好招待。如果待客情况与收费标准有不恰当的地方,就要治管理者的罪。

齐桓公还规定,所有的国内官吏都应该引荐其他诸侯国的人来齐国做事,如果引荐得好,就根据所荐人物能力的大小给予赏赐,引荐的不好也不追究。同时还派人出去招揽人才。这些措施最终使得齐国人才济济,辅助齐桓公完成霸业,成为春秋五霸之首。

【评论】

齐桓公是一位雄才大略的政治家,他深知人才对于治理国家的重要性,所以能够拜有一箭之仇的管仲为相,又能重用卫国人宁戚,显示出他的容人之量和用人不疑的气度。而庭燎求贤更是为他引来了诸多优秀人才,使得齐国迅速富强,在春秋列国中成为第一个霸主。齐桓公以后,历代齐国君主受其影响,继承其措施,逐步在齐国形成了一种招贤纳士的风气。

第二十三章　次于圣人的选择

【原文】

其次①致曲②。曲能有诚。诚则形③，形则著④，著则明⑤，明则动，动则变，变则化⑥。唯天下至诚为能化。

【注释】

① 其次：次一等的人，即次于"自诚明"的圣人的人，也就是贤人。

② 致曲：致力于某一方面。曲，局部。

③ 形：显露，表现。

④ 著：明显，显著。

⑤ 明：光明。

⑥ 化：化育。

【译文】

那些天性比圣人次一等的贤人，可以致力于研究某一方面或事物局部的道理，通过某一方面和局部也能达到真诚的境界。达到真诚就会表现出来，表现出来就会逐渐显著，显著之后就会发扬光大，发扬光大后就会感动众人，感动众人后就会引起人心的转变，人心转变就能化育万物人人向善。只有天下最真诚的人才能化育万物。

李时珍重修本草

李时珍出生在明朝一个医学世家,祖父、父亲都是医生。李家后院种满了药草,都是喜欢研究药学的父亲李言闻采来的。李时珍自幼就对这些草木产生了浓厚的兴趣。他看着这些花草一天天发芽、开花、结果,最后被父亲制成神奇的良药,为别人医治疾病。随着年龄的增长,李时珍更是整天在庭院里,一心钻研草药的性能。

当时,医生的社会地位很卑微,李言闻在行医过程中受尽了歧视和轻侮,所以一心希望李时珍能走读书取仕的道路,也可以为李家带来地位和荣耀。

李时珍聪明颖悟,才智过人,十四岁就考中了秀才。但他毕竟酷爱医学,又常常随父亲出诊,帮忙誊抄药方,耳濡目染,对行医的知识技能越来越熟,兴致也越来越浓。他读圣贤书,背的最熟的却是《尔雅》中的《释草》《释木》《释鸟》《释兽》等篇。

从十七岁起,李时珍接连三次乡试都名落孙山。父亲李言闻最终放弃了改换门庭的想法,任儿子自由发展。于是,李时珍放弃功名,一心一意当起了郎中。

李时珍二十岁那年,家乡蕲州发生了一场严重的水灾。洪水冲决了江堤,蕲河两岸的千顷良田化作一片汪洋。洪水刚过,瘟疫就开始蔓延,流离失所的乡亲们又面临死亡的威胁,到处都能看到惨景,哪里都能听到哭声。李时珍和父亲、哥哥一起,没日没夜地救护着病人。

这天,李时珍正在诊病,忽见一帮人扭着一个江湖郎中涌进诊所。为首的年轻人愤怒地说:"李大夫,这个家伙给我爹开药,我爹

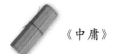

吃后病非但没好,反倒更重了!他还硬说药方没错。你能不能帮忙看看?"说着把给父亲煎药的药罐递给了李时珍。

李时珍抓起药渣先是细闻,然后又嚼一嚼,得出结论说:"这是虎掌啊!"

那江湖郎中慌忙分辩说:"我绝对没开过这味药!"

年轻人说:"那肯定是药铺弄错了!"便要去药铺算账。

李时珍忙说:"这是古医书上的错误,《日华本草》就把漏蓝子和虎掌混为一谈了。"

江湖郎中忙说:"我开的就是漏蓝子啊!"

李时珍说:"药铺是凭着医书抓的药,打官司也治不了他们的罪。"众人一听,只得无奈地把江湖郎中给放了。

不久,李时珍又听说两个类似的病例:一个精神病人用了一味叫防葵的药后很快就死了,还有一个体弱的人吃了一味叫黄精的补药也送了性命。之所以出现这样的误诊,是因为古药书上把防葵和狼毒、黄精和钩吻记成同一药物,而狼毒、钩吻毒性都很大,吃了就会没命。这几例古药书的知识错误导致的误诊病例,对李时珍造成很大的心灵冲击。古医药书籍里的知识和经验是丰富而宝贵的,但存在的谬误危害也很大。若不及早订正,医药界以这些书为依据开药方,轻则延误诊治,重则害人性命啊!

李时珍告诉父亲他想重修本草,父亲虽然赞赏,但也提出这样大的事情恐怕只有朝廷才做得到。并且李时珍当时的知识和经验累积都还远远不够,应该首先潜心读书。

之后十年,李时珍全心投入对古典医籍以及历代名家著述的学习中,熟读了《内经》《本草经》《伤寒论》《金匮要略》等医学典籍,还阅读了大量关于花草树木的书籍,单是笔记就装了满满几柜子,为修订本草累积了许多珍贵资料。

李时珍医术精湛，名声渐渐传到了贵族宗室，后来因为治愈楚王世子的暴厥和其他不少人的疑难杂症而名扬朝廷，他被举荐担任了太医院的医官。李时珍在这里接触到大量外界罕见的珍贵医书资料和药物标本，他日以继夜地研读、摘抄和描绘药物图形，努力汲取着前人提供的医学精髓。与此同时，他多次向太医院提出编写新本草的建议。然而，他的建议不仅没有人采纳，反而遭到许多人的讥讽挖苦和打击中伤。一年后，李时珍告病还乡。

　　三十五岁这年，李时珍开始着手按计划重修本草。但是世上的药物多种多样，对它们的性状、习性和生长情形，很难全部心中有数。比如，白花蛇本是蕲州的特产，可以主治风痹、惊搐、癫癣等疾病，但他从药贩子手里买来的"白花蛇"，有时就跟书中描述的不一样。为了确认真正的白花蛇的模样，李时珍跟着捕蛇人上山，亲眼看到了捉到的白花蛇，果然和书上讲的一模一样。

　　李时珍意识到，只有实地察看药物才能得到准确的知识，于是他开始走出家门，深入山间田野，与农夫、渔人、樵夫、猎户、采矿者交朋友，他们为李时珍提供了书本上没有记载的药物知识。李时珍走遍了大江南北，行程达两万余里。

　　他到北方寻找传说中能使人麻醉的曼陀罗花，找到之后，又亲自尝试它的性能，才有了书中所记的"割疮灸火，宜先服此，则不觉苦也"。之前的本草书中说大豆可以解百种毒，李时珍经过多次试验，证实加上甘草才能发挥出良好的解毒效果。

　　当时的嘉靖皇帝追求长生不老，迷信仙道。方士们投其所好，以致在全国掀起了一股炼丹热潮。古代有药书说，水银是一种长生药，经常服食可以成仙。因此方士们炼取仙丹的材料多数是水银、铅、丹砂、硫黄、锡等有毒物质。

　　李时珍以众多服食丹药后死亡的例子驳斥丹药使人长寿的说

法。他说："前人留下来的知识可以参考，但一定要经过分析，我们不能全部信书上所说的。古书上也说过'食黄金能成神仙'，但有谁见过有人成了神仙呢？秦始皇、汉武帝都曾经吃仙丹求长生，结果还不是死了吗？仙丹的成分大多是有毒的，吃了不但不能长寿，反而会令人中毒死亡！"

李时珍反对服食仙丹，但对炼丹术中的科学之处却加以吸收、应用。他烧制外用药物的方法是采用了炼金术的原理，又研制水银来医治疮疥等病症，对后世影响深远。

李时珍几近呕心沥血，在研究医学的道路上艰难跋涉，终于在七十六岁的时候完成了具有划时代意义的药物学巨著——《本草纲目》。遗憾的是，他本人没能亲眼看到这部巨著的出版。就在他完成这部著作的同一年，李时珍告别了人世。他去世三年之后，被称为中国古代医学"百科全书"的《本草纲目》才得以刊行于世。

【评论】

李时珍没有通过读书治国来教化民众，然而他治病救人之真诚、读书考察之勤勉、重修本草之成就、影响后世之深远，已经超过了很多满腹经纶的贤人。《本草纲目》有一百九十多万字，编入药物一千八百九十二种，其中新增药品三百七十四种，并附有药方一万一千余个，插图一万一千余幅，综合了植物学、动物学、矿物学、化学、天文学、气象学等许多领域的科学知识，其规模超过了之前任何一部本草学著述。它那极为系统而严谨的编排体例、大胆纠正前人漏误的确凿证据以及继承中有发扬的科学态度，都令人赞叹不已。

第二十四章　至诚之人的能力

　　至诚之道可以前知。国家将兴,必有祯祥①;国家将亡,必有妖孽②。见③乎蓍龟④,动乎四体⑤。祸福将至,善,必先知之;不善,必先知之。故至诚如神⑥。

【注释】

① 祯祥:好的预兆,福兆。

② 妖孽:坏的预兆,祸萌。

③ 见:同"现"。

④ 蓍龟:指占卜。

⑤ 四体:四肢。引申为身体,生命。

⑥ 神:神明。

【译文】

　　最真诚的人,能够预知将来的事情。国家将要兴旺昌盛,一定会有吉祥的征兆;国家面临灾祸灭亡,一定会出现怪异反常的迹象。呈现在占卜用的蓍草龟甲上,也反映在人的身体四肢上。祸福将要来临的话,是吉兆,一定预先可以知道;是凶兆,也一定预先可以知道。所以最真诚的人就如同神明一样。

【故事】

诸葛亮七擒孟获

东汉末年，魏、蜀、吴三分天下。蜀国南方的蛮人在孟获带领下起兵叛蜀，诸葛亮点兵南征。参军马谡送诸葛亮出城，一直送了几十里地。临别的时候，马谡对诸葛亮说："南中离都城遥远，地形又险要，那里的人早就有心脱离我们。即使这次我们用武力征服了他们，恐怕以后还会闹事。用兵之法，以攻心为上，攻城次之。丞相南征一定要叫南人心服，方可一劳永逸。"诸葛亮的想法与马谡不谋而合。

诸葛亮率军南征，一路获胜。听说孟获不但骁勇善战，而且在南中各族中很有威望，诸葛亮便决心要把孟获争取过来。他下令对孟获只许活捉，不能伤害。

双方首次交战，孟获就被蜀将魏延生擒活捉了。魏延押解孟获到大寨来见诸葛亮。大帐中早已经排列好刀枪剑戟、黄金钺斧，御林军分列左右，诸葛亮端坐帐上。首先押进来的是众多蛮兵，诸葛亮让人把绳子全部解掉，好言安抚说："你们都是好百姓，只是不幸被孟获辖制，今天受惊了。你们的父母、兄弟、妻子、儿女一定在焦急地盼着你们回家，他们如果听到你们打败的消息，恐怕会牵肠挂肚、担惊受怕了。我现在就放你们回去，好让你们的家人安心。"说完，还安排他们吃过酒菜，送他们一些粮食，就让他们走了。蛮兵都很感动，流着眼泪拜谢之后才离去。

诸葛亮又让武士们把孟获押过来，问他："我今天把你抓住，你心里服不服呢？"孟获回答说："胜败是兵家常事，你敢不敢放我回去，让我整顿兵马，再跟你一决雌雄？要是下次你再把我抓住，我才服你。"诸葛亮就让人解开他的绳子，给他穿戴整齐，又请他吃过酒菜，牵来马匹，派人把他送了出去。

孟获在路上收集了一些残兵，渡过泸水，回到自己的寨子里，马上聚集各洞酋长，召集蛮兵，又集结了十多万兵马。这次他决定不与诸葛亮硬拼，而是以泸水为屏障，在岸边筑起土城，派兵把守。孟获认为自己只要不主动出战，蜀军过不了泸水，受不了酷热，肯定会退兵，到时候自己在后面追击就可以大获全胜了。于是他整天在寨子里饮酒作乐，不理军务。却不知道诸葛亮的军队已经在当地人指点下，夜渡泸水，截断了他们的粮道。

其中有些人是被诸葛亮抓住又放回来的，感念诸葛亮恩德，如今见蜀军已经渡过泸水，都不愿意再打。大家一商量，就来到孟获的帐中，将喝得大醉的孟获直接捆了，押到泸水岸边，交给诸葛亮。

诸葛亮笑着问孟获："你上次说过要是再被我抓住就肯降服，现在怎么样呢？"

孟获说："这次不算是你的本事，是我的手下自相残害，才到这个地步。我怎么可能服你？"

诸葛亮就问："我今天再放你回去怎么样？"

孟获回答："我虽然是野蛮人，也很懂得些兵法，如果丞相真的肯放我回去，我就带领人马与你再决胜负。要是丞相这回还能生擒了我，那我一定诚心诚意归降，再也不改变了。"

诸葛亮说："下回再生擒你，你若还是不服的话，绝不轻易饶恕你。"

就让人解开绳索，摆上酒菜给他吃。然后又让孟获上马出寨，带着他去看蜀军的营栅粮草和各种军器，对他说："你不投降真是愚蠢啊！我有这么多精兵猛将、粮草兵器，你怎么能胜得了我呢？早一点归降的话，我会上报天子，让你保留王位，子子孙孙都能继承。你看怎么样？"

 《中庸》

　　孟获说："就算我肯归降，恐怕其他人心里不服。丞相若是放我回去，我就招安自己的人马，大家同心一致之后，才能归顺。"诸葛亮就又回到大寨与孟获饮酒，直到黄昏天晚，亲自把孟获送到泸水边，安排船只送他回寨子里去了。

　　孟获再次回到洞中，与他的弟弟孟优商量一个诈降的计策：由孟优带领少量精壮人马和一些珍宝财物先去投降，等到蜀军不加防备，孟获随后攻营，兄弟两人里外夹击。可是孟优刚一进入汉军营帐，就被诸葛亮识穿了计谋。诸葛亮不动声色，假装上当受骗，下令赏赐大量美酒给蛮兵们喝。等到半夜十分，孟获按计划来劫营，却发现孟优一行人全部醉倒帐中，不能动弹，原来诸葛亮已经在酒里下了药。孟获好比是自投罗网，兄弟二人双双被擒。

　　诸葛亮指着孟获说："你的诈降伎俩又怎么能瞒得过我！这次又被我擒住，你服了没有？"

　　孟获说："这次是因为我弟弟贪嘴中毒，才误了大事。如果是我自己来诈降、我弟弟来攻营的话，一定可以成功的。这是运气不好，不是我能力不行，怎么能心服？"

　　诸葛亮说："已经抓你三次了，怎么还不服？"孟获低着头不说话。

　　诸葛亮就笑道："我再放你回去。"

　　孟获说："丞相肯放我们兄弟回去的话，我整顿自己的亲兵，再跟丞相大战一场，那时再被抓住的话，一定死心塌地归降。"

　　诸葛亮说："再抓住的话，绝不能轻饶了。你回去好好研究韬略兵书，用一些好计策，以免将来后悔。"于是又让人把孟获、孟优和其他洞主都放回去了。这时候蜀兵都已经过了泸水，夺了孟获的大寨，孟获只好回到自己本洞中去。

　　孟获回去之后立即整顿军队，准备一有机会便出兵交战。忽然有探子来报，说发现诸葛亮正独自一人在阵前勘察地形。孟获大喜，立即带人去捉拿诸葛亮。不料这次他又中了诸葛亮的圈套，第四次被擒。诸葛亮看他仍然不服气，就又一次放了他。

孟获回到营中之后，有一个洞主叫杨锋的，带了五个子侄前来助战，却趁酒宴之中把孟获兄弟绑了，直送到汉军营帐里来。原来杨锋和几个子侄跟随孟获也是几次被抓被放，感念诸葛亮恩德，才想了这样一个报答的方法。但是孟获仍然喊着是内贼作乱，不算诸葛亮的本事，心中还是不服。诸葛亮就第五次放了孟获。

孟获回去后，投靠了木鹿大王。木鹿大王有支队伍能够使用野兽作战，蜀兵不能招架。后来诸葛亮造出比野兽大出几倍的假兽，战场上，猛兽们看到高大的假兽十分害怕，慌忙退去了。汉军获胜，再次生擒孟获。孟获自己也感觉无话可说，但是心里仍是不那么服气的。诸葛亮也看出了他的心思，就第六次放孟获回去了。

孟获被释后又去投奔了乌戈国。乌戈国国王拥有一支英勇善战的藤甲兵，所装备的藤甲刀枪不入。诸葛亮对此却早有准备，他用火攻将乌戈国兵士全都烧死在了一座山谷里。孟获第七次被擒，诸葛亮故意什么也不说就要再放了他。孟获及其他土著首领终于对诸葛亮彻底信服，不肯离去。

孟获跪下起誓："您代表着天上的神威，南中人不会再反叛了。"诸葛亮见孟获已经心悦诚服，便委派他掌管南中，此后那里再没有发生过大规模叛乱。

【评论】

诸葛亮深谙兵法攻心为上的道理，以诚待人，对孟获七擒七纵，终于令其心悦诚服地归顺蜀国。从此南中平定，蜀汉再无后顾之忧。南中的人力、物力对于充实蜀汉的财政意义重大，为诸葛亮以后的北伐奠定了基础。

第二十五章　成全万物的智慧

【原文】

　　诚者自成也，而道自道①也。诚者，物之终始。不诚无物。是故君子诚之为贵。诚者，非自成己而已也，所以成物也。成己，仁也；成物，知②也。性之德也，合外内之道也，故时措之宜也。

【注释】

① 自道：自己引导自己。道，通"导"。
② 知："智"。

【译文】

　　要达到诚的境界需自我完善的，道也是自己运行的。诚始终贯穿着万物变化的结局与开端，没有诚就不会有天地万物。所以，君子把真诚看得最珍贵。诚不仅仅能让自己完善自己，还能完善万物。完善自己，是仁德；完善万物，是智慧。诚是人的本性反映，它合乎成物成己的道理，所以任何时候实行都是恰当适宜的。

【故事】

吕端大事不糊涂

　　吕端是宋朝很有名的一个宰相，据说他这个人看起来有点笨笨的。《宋史》记载，太宗想让吕端做丞相，有人劝阻说："吕端这个人非常糊涂啊！"太宗则回答："他是小事糊涂，大事不糊涂。"决心要让吕端来做宰相。

吕端当然一点都不笨，只不过对于世人孜孜以求、斤斤计较的功名富贵，他态度很淡然。自己的官位高低、金钱多少更是完全不在意，以致旁人看他"糊涂"。

被宋太宗提升为宰相后，吕端并没有觉得有什么了不起，他心里想的只是怎样做好分内之事，如何调动全体臣僚的积极性，为此宁可自己放权和让位。当时和他有同样声望的还有一位名臣寇准。寇准办事干练，很有才能，但是性格刚烈。吕端担心自己当了宰相后寇准心中会不平衡，难免影响朝政，于是就请太宗另下了一道命令，让身为副宰相的寇准和他轮流掌印，领班奏事，并一同到政事堂中议事，和他享有平等的权力、地位。

后来，太宗又下诏说："朝中大事要先交给吕端处理，然后再上报给我。"但吕端遇事总是与寇准一起商量，从不专断。过了一段时间，吕端又主动把相位让给了寇准，自己去当参知政事。这种主动让权的做法，在世人看来自然是太"糊涂"了。

有一年，朝中大臣李惟清被太宗调职。虽然是平调，但实际权力发生了变化，他认为是吕端在中间搞鬼。于是趁着吕端有病在家休息、没有上朝的机会告了吕端一个恶状。事情传到吕端耳中后，吕端既没有去对皇帝表白，也没有去找李惟清争辩，只是淡淡地说："我一辈子行事磊落，心中安宁，又怕什么流言蜚语呢？"这种不与人计较的坦然心态也被人认为是"糊涂"。

先前，吕端刚刚担任参知政事（副宰相）的时候，有次从文武百官前面经过，一个小官可能是平时听多了吕端的"糊涂"，对他很不服气，就很不屑地说了一句："这么个人竟也当上副宰相了？"吕端的

随行人员很生气,就要过去问那个人的姓名,看看是做什么的。

吕端赶紧制止了,他说:"不要去问。你问了他就得说,他说了我也就知道了,而我一知道,对这种公然侮辱我的人便会终生不能忘。虽然我不会故意去报复他,但是以后如果有什么事涉及他,我想做到公正对待也一定很难。所以,还是不知道他是谁为好。"

这种君子不念恶的举动,到了世人眼里,也就又被看成了"糊涂"。

吕端为官非常清廉,不仅从不贪污受贿,就连自己应得的那份俸禄也常常分出一些周济别人。以至于吕端去世后,他的两个儿子竟然因为贫穷而没有钱娶亲,只好把房产抵押给别人。真宗皇帝知道后,深受感动,自己出钱把房产赎了回来;另外又赏赐很多金银和丝绸,替吕家还清了旧账。一人之下万人之上的尊贵宰相,却让自己的后人贫困到如此地步,在常人的眼里又是多么"糊涂"。

但真正使他名传千古的,还是由于他的"大事不糊涂",主要表现在两件事上。

北宋时期,边境经常不得安宁,有个党项族人李继迁,以前归顺过北宋,后来又叛宋。一次交战中,宋军俘虏了他的母亲。太宗得到消息后,想处死这个老太太,就单独召见了当时正掌管全国军事的寇准,跟他商量,准备在边境上大张旗鼓地把老太太杀掉,以便惩戒那些与朝廷作对的人。

寇准从太宗那里回去时,故意经过宰相办公的地方。吕端猜到他可能是有大事想与他商量,就对寇准说:"边境上的日常事务,我没必要知道。但如果是军国大事,我位居宰相,你应该告诉我。"寇准也就原原本本地告诉了他。

吕端认为这样做不合适,让寇准暂缓处理,他就去对太宗说:"从前楚汉相争时,项羽抓住了刘邦的父亲,想要把他在阵前用锅煮了,可是刘邦却毫不在乎,甚至还要求项羽分他一杯肉汤喝。很多做大事的人是不会顾虑父母的,更何况李继迁是个蛮夷叛乱之人呢!陛下今天杀了老太太,明天就能抓住李继迁吗?如果抓不住,那只能结下怨仇,更坚定他的反叛之心。"吕端又建议在延州妥善安置老太太,对李继迁实行攻心战。太宗赞同。

后来,李母病死在延州,李继迁在与吐蕃作战时中箭身亡,他的儿子就归顺了宋朝。吕端的高瞻远瞩收到了很好的效果。

后来宋太宗病危,到了两朝皇帝交替时期,政治形势总是异常敏感,因此吕端每天都陪着太子到太宗的床前探望。当时得宠的宦官王继恩怕太子继位后对自己不利,就串通皇后、勾结官员,图谋拥立楚王取代太子,一场宫廷政变正在紧锣密鼓地筹划着。

太宗刚一咽气,皇后立即派王继恩去召见吕端,打算逼迫吕端同意策立楚王。但是吕端早已经对他们有所注意,现在听到皇后召他入宫,知道局势可能有变,果断下令把王继恩锁在自己家的书房里,派人严加看守,然后才入宫。

皇后不出所料地提出了立楚王的问题,吕端毫不客气地说:"先帝在时已经明确了太子,我们怎么能不听他的话呢?"由于谋变的关键人物王继恩已经被控制了起来,皇后也没了主意。吕端趁热打铁,率领大臣共同保太子(真宗)继位。

宋真宗登基时,坐在大殿上,面前垂着帘,准备接受群臣的朝拜。吕端不肯下跪,要求卷起帘子,亲自登上台阶察看是否是真宗本人,确认后才走下台阶,率领群臣磕头跪拜。接着,又把犯上作乱的人发配到外地,彻底平息了争端,确保了政权的平稳接替。

【评论】

吕端一生经历了北宋太祖、太宗、真宗三代帝王,在四十年的为

《中庸》

官生涯中几乎没有受到什么冲击,这样的情形在封建王朝中是很罕见的。这与他在大事上不糊涂、个人利益上能"糊涂"了事的品格有很大关系。北宋的开国宰相赵普曾经评价他:得到褒奖不曾高兴,遇到挫折不曾害怕,具有宰相的气度。

第二十六章　天地之间的大道

【原文】

故至诚无息①。不息则久，久则征②。征则悠远，悠远则博厚，博厚则高明。博厚，所以载物也；高明，所以覆物也；悠久，所以成物也。博厚配地，高明配天，悠久无疆。如此者，不见③而章，不动而变，无为而成。天地之道，可一言而尽也：其为物不贰，则其生物不测。天地之道：博也，厚也，高也，明也，悠也，久也。

今夫天，斯昭昭之多，及其无穷④也，日月星辰系焉，万物覆焉。今夫地，一撮土之多，及其广厚，载华岳而不重，振河海而不泄，万物载焉。今夫山，一卷⑤石之多，及其广大，草木生之，禽兽居之，宝藏兴焉。今夫水，一勺之多，及其不测，鼋、鼍、蛟、龙、鱼、鳖生焉，货财殖⑥焉。

《诗》云："维天之命，于⑦穆⑧不已！"盖曰天之所以为天也。"於乎不显，文王之德之纯！"盖曰文王之所以为文也。纯亦不已。

【注释】

① 息：停止，中断。

② 征：验证。

③ 见：现，表现。

④ 穷：边际。

⑤ 卷：通"拳"。

⑥ 殖：繁殖。

⑦ 于：语气词。

⑧ 穆：深远。

【译文】

所以最高境界的诚是没有间断的。没有间断就能够长久，时间长久就可以得到验证。能够验证就可以永久流传，永久流传就会博大深厚，博大深厚就会高洁光明。博大深厚，是用来载负万物的；高洁光明，是用来覆盖万物的；无穷永久，是用来造就万物的。博大深厚仿佛大地，高洁光明如同天空，悠远无穷没有边际。如果是这样的话，不需要表现就能够功业昭著，不见到动作而发生万物变化，无须作为就会有成就。天地间的道理，可以用一句话进行概括：天地生息万物专诚不二，而它化育万物也是不可预测的。天地间的道理：博大，深厚，高洁，光明，无穷，永久。

且说这天空，只不过是一片光明，可要谈到它的无边无际，日月星辰都悬系在天空，万事万物都被天空覆盖。且说这大地，只不过是一撮泥土，但要谈到它的广博深厚，它负载着华山而不觉沉重，容纳着江河海洋而不流泄，万物都负载在大地上。且说这高山，只不过是一块石头，可要谈到它的广阔高大，花草树木在山上生长，飞禽走兽在山中生活，丰富的宝藏在山中产生蕴藏。且说这流水，不过是一勺而已，但要说到它的浩瀚无涯，鼋、鼍、蛟、龙、鱼、鳖都在水里生长，货物财富都在水里生产繁殖。

《诗经》上说："唯有天道在运行,庄严肃穆永远不停!"这是说上天之所以成为上天的道理。此诗又说："啊!多么显赫光明,文王的品德多么纯正美好!"这是说周文王之所以被尊称为文王,是因为他的品德与天地同在。

【故事】

齐威王一飞冲天

齐威王的名字叫田因齐,他刚刚继承王位的时候,齐国已是长期积弱,从昔日霸主的地位一落千丈了。齐威王即位后,整夜地在宫里饮酒作乐,陶醉在没有节制的荒淫宴席之中,不问朝政,把治理国家的事情都交给了公卿大夫。文武百官上行下效,也都荒于政事,以至于晋国、鲁国、韩国、赵国、卫国、越国等国家纷纷侵犯,占据齐国土地。如此内乱外患,眼看齐国的统治已经如履薄冰,面临灭亡的危险了。

齐国有一个入赘女婿叫淳于髡,身高不足七尺,相貌丑陋,为人滑稽,擅长说隐语,而齐威王又非常喜欢隐语。有一天,淳于髡来到宫中对齐威王说:"我们的都城中有一只大鸟,落到了大王的庭院里已经三年了。可是三年的时间里,这只鸟既不飞也不叫,大王您知道这是怎么回事吗?"齐威王回答说:"这只鸟不飞则已,一飞就直冲云霄;不叫则已,一叫就使人惊异。"于是立即诏令全国七十二个具的地方长官全来入朝奏事。

齐威王整顿官吏,先向身边的群臣打听了解地方官的政绩,结果左右的人都说阿大夫是最好的,即墨大夫是最坏的。然而齐威王并没有依此就下结论,他又亲自到这两个官吏管辖的地方去查访,向当地的老百姓调查了解情况,结果与在朝廷上听到的截然相反。

即墨大夫勤理政务，他管理的即墨地区田野肥沃，长满庄稼，百姓生活富足，衙门里没有堆积的案件，一片安宁景象；而阿大夫管理的阿地却是田野荒芜，百姓贫苦，仓库空虚，防务松弛。那么为什么在朝堂上听到的议论与事实相反呢？手下的群臣又为什么颠倒黑白？齐威王继续调查了解。

原来即墨大夫为人正直，一心为百姓办事，不善于结交朝廷的左右近臣，与他们关系最不好，所以大官们都说即墨大夫不好；而阿大夫却最乐于与朝堂上的官员结交亲厚，还经常用贿赂的方式买动人情，巴结左右大臣，因此大官们都称赞阿大夫的好处。

齐威王掌握了实情以后，就把各地的官吏召集起来，并在朝堂上准备了一口大锅。就在大家都以为威王会赏赐阿大夫、惩罚即墨大夫的时候，威王却对阿大夫厉声斥责，指出其欺下瞒上的行为，并下令"烹之"，然后又重赏了刚正不阿的即墨大夫。

从此以后，群臣之中再也没有人敢收受贿赂、替人遮掩过失，上报情况的时候都力求了解到最真实的情况。齐国吏治面貌一新，国家也迅速强盛起来。

齐威王又广泛地招贤纳士，他尊重人才，把人才当作国家的珍宝。史书上记载，威王二十四年，他与魏王一起打猎，魏王问他："您有什么特别的宝贝啊？"威王回答没有。

魏王有点吃惊又有点得意地说："我们魏国这样的小国家，还有十颗一寸大的夜明珠，能够在晚上照耀十二辆兵车呢！齐国这么强大，怎么会没有珍宝呢？"

威王就说："我眼里的珍宝跟你眼里的不一样。我有个大臣叫檀子，为我守卫南城，于是南面的楚国人不敢来侵犯，泗水边上的十二国诸侯都来朝见。我有个大臣叫盼子，为我守卫高唐，于是赵国人不敢到边境的河里来打鱼。我有个官员叫黔夫，为我守卫徐州，于是燕国人在北门祭祀，赵国人在西门祭祀，有七千多户人家为跟随他而迁徙。我有个官员叫种首，为我防备盗贼，于是齐国的大道上没有人去捡拾别人遗落的财物。这些人将为我照耀千里土地，区区十二辆兵车算什么啊!"魏王十分惭愧。

正是因为看到了人才的宝贵，齐威王才能够做到不拘一格地任用人才。他重用宗室中智慧高超的人，比如让田忌做将军，令田盼子守高唐。他还选用大批门第寒微的士人，委以重任。比如，惨遭迫害的著名军事家孙膑，从魏国逃回来时本是刑余之人，是被追杀的囚犯，而齐威王想要封他做大将军，是孙膑自己谢绝了，甘愿辅佐田忌为将。再如出身"赘婿"、受过髡刑且相貌丑陋的淳于髡，因博闻强记、善于谏诤、滑稽善辩，而受到齐威王的赏识和重用。又如平民出身的邹忌，他毛遂自荐，鼓琴论政，得到威王重用，三个月拜相，一年封侯。

广纳贤臣的同时，威王还虚心纳谏，广开言路，他下令全国：不论朝廷大臣、地方官吏还是普通老百姓，凡是能当面提出君主过失的，受最高赏赐；用书面指出君主过失的，受中等赏赐；在人群中议论君主过失最后传到君主耳朵里的，受下等赏赐。命令刚刚下达的时候，来到威王面前批评政事、提出建议的人络绎不绝；一个月后，偶尔会有人来说点什么；一年之后，各种弊端都已经被清除治理，人们即便想去批评，却发现实在没有什么可以说的了。

孙膑做了齐国的军师以后，训练军队，教习战术，后来两次出兵救助赵国和韩国，进行了历史上著名的桂陵战役和马陵战役。在这两次战役中，齐国都打败了当时最强大的魏国军队，魏国渐渐衰落，齐国开始称雄于诸侯。此时，其他的诸侯国早已经把侵占的齐国土地纷纷还给了齐国。到齐威王末年，齐国成为诸侯国中最强盛的国家。

 《中庸》

【评论】

　　齐威王懂得正人先正己的道理，听到讽谏后能自我反省，并克服掉贪酒好色的毛病，开始勤理政务；在处理政务时懂得兼听则明、偏信则暗的道理，成功地整肃了吏治。选择、重用人才，以严刑重赏以法治国，广开言路奖励进谏，是齐威王统治能够成功的三大法宝。他善于纳谏用能、求真务实的做法，不仅给后人启示，也令自己青史留名。

第二十七章　圣人君子的伟大

【原文】

大哉圣人之道！洋洋①乎，发育万物，峻②极于天。优优③大哉，礼仪三百，威仪三千。待其人而后行。故曰：苟不至德，至道不凝④焉。故君子尊德性而道问学，致广大而尽精微，极高明而道中庸。温故而知新，敦厚以崇礼。是故居上不骄，为下不倍⑤。国有道，其言足以兴；国无道，其默足以容。诗曰："既明且哲，以保其身。"其此之谓与！

【注释】

① 洋洋：浩浩荡荡的样子。

② 峻：高大。

③ 优优：充足有余的意思。

④ 凝：聚集，凝集。

⑤ 倍："背"，违背。

【译文】

多么伟大啊！圣人的中正之道！它浩浩荡荡，生养世上万物，高处直达上天。多么伟大丰足啊！大的礼仪有三百，小的礼节有三千。必须等待贤人出现后才能得以施行。所以说：如果没有最高的德行,伟大的中庸之道就不会在心里凝结显现。所以君子尊重圣人的道德修养同时又勤学好问,努力使自己达到知识广博深厚而又穷尽幽微细致之处,登上高大光明的极点又完全理解施行中庸之道。温习旧的知识而获得新的理解,朴实宽厚又崇尚礼节。因此,这样的人身居高位时不会骄横,身居底层时也不会违背礼法;国家太平昌盛时,他的言论足以振兴国政;国家动荡混乱时,他的沉默不语则足以保全自己。《诗经》上说:"既明智又通达事理,就能保全自己。"说的就是这个意思吧!

【故事】

范蠡明哲保身

范蠡是春秋末期的楚国人。他出身贫寒,但是聪敏睿智,胸怀韬略,年轻的时候就已经是博学多才,满腹经纶,文韬武略,无所不精。可是当时的楚国政治黑暗,贵胄专权,平民出身的人是没有机会入仕做官有所作为的。范蠡纵然有圣人的才能,也一样不被世人了解,只有他家乡的官员文种与他经常往来,交情深厚。

此时吴、越两国正在连年征战。在槜李之战中吴王阖闾被越王勾践一箭射中,不治身亡,临死前要求他的儿子夫差为他报仇雪恨。两年之后,吴王夫差在夫椒这个地方与越国决战,这次是越国大败,越王勾践率领仅剩的五千兵卒逃进了会稽山。

就是在这种情况下,楚国的范蠡邀请文种一起投奔越国,辅佐这位穷途末路的越王勾践兴国复仇。他们献上的第一条复兴大计,就是让越王用谦卑的言辞、丰厚的礼物乞求吴王允许越国作为臣属和奴仆继续保存。范蠡向勾践断言:越国必然兴盛,吴国却终会灭亡。向他阐述天道的规律,解说天时、地利、人和之理,鼓励勾践忍辱负重、等待时机。

并说，治理国家有三个要点：一是持盈，即在国家富强时要能保持住强盛的状态；二是定倾，即国家有灭亡危险时要有办法化解危机；三是节事，即平常时期处理国家政事要方法得当。且这三点分别能与天、地、人结合，即"持盈者与天，定倾者与地，节事者与人"。他还对勾践说："天道要求我们盈满而不过分，气盛而不骄傲，辛劳而不自夸有功。"

勾践于是拜文种为大夫，范蠡为上大夫。文种留在越国主持一切，范蠡则陪同勾践夫妇前往吴国为奴。正是范蠡的照顾鼓励，使勾践夫妇不仅对抗了屈辱绝望，而且磨砺了坚强的意志。

三年后，范蠡随越王被释放回到越国，他与文种一起拟定了兴越灭吴的九条大计，称为灭吴九术。据说为实现九术之一的"美人计"，范蠡还亲自跋山涉水，遍访各地，终于在苎萝山浣纱河找到了德才貌兼备的奇女子西施，在历史上留下了西施深明大义献身吴王，里应外合兴越灭吴的传奇故事。

针对越国疲弱衰败的状态，范蠡提出"十年生聚，十年教训"的策略，并着手制订许多举措，使越国渐渐恢复生气，百姓的生活逐渐安定富足。

回到越国四年之后，勾践便想攻打吴国一雪前耻，被范蠡劝阻。他认为时机尚未成熟，战胜吴国需要天时、地利，更需要的却是人和。

又过了四年，越国的百姓个个都在赞颂勾践的仁德贤明，愿意为他付出生命向吴国报仇。吴王夫差这一年与晋国举行了黄池之会，越国趁机攻打吴国，并获得了胜利。此后，且战且和，越国始终占据着主动，直到越王回国的二十一年之后，吴王夫差兵败自杀，越国终于灭掉吴国，雪洗了会稽山之耻。

接下来，勾践称霸，号令中原，范蠡也被尊为上将军。

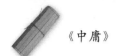

"吴王亡身余杭山,越王摆宴姑苏台",举国欢庆的宴席上,却独独少了一个范蠡。此时他已经改换姓名,带着简单的行李,乘一条小船离开了越国,从此再也没有回来。

临走前他曾给勾践写信说:"主忧臣劳,主辱臣死。我之所以没有死,只是为了今天。如今事情已经完成,请让我因为当年的会稽之辱而死吧!"勾践则回答:"我的国家要与你一起分享,否则宁可让你死。"

他还给大夫文种留下了一封信,劝他尽快离开越国:"天上的飞鸟射完了,精良的弓箭就没用了,只能挂在墙上收进箱子;草丛中的野兔打完了,忠心能干的猎狗也就没用了,只能被主人杀来吃肉。越王这个人,脖子长,嘴巴尖,眼神如鹰,步态似狼,只可以共患难却不能同富贵,你如果不尽早离开,恐怕会被他所害。"文种虽然不太相信,没有照他的话离开越国,但也从此称病,不再过问朝政。可是没过多久,还是被勾践赐死,拔剑自杀。

乘船离开越国之后,范蠡化名为鸱夷子皮,选择了靠近大海、土地肥沃的齐国居住下来。他与自己的儿子一起,在海边盖了房子,每日辛勤耕作,同时做一点小生意,就这样白手起家,没几年就累积了千万家产。他能聚财也能散财,经常慷慨解囊,为善乡里,被人称道赞扬,以致最后惊动了齐王。齐王派人把他请进国都临淄,拜为主持政务的相国。

范蠡对此却非常感叹,他说:"做官能做到卿相的地位,治家能得到千金的财产,这对一个白手起家的平民来说,已经到了极点。长期享受这种尊贵荣耀,恐怕不是什么吉祥的征兆。"于是,三年之后,他再次急流勇退,向齐王归还了相印,把家财全部散给当地的朋友和乡亲,又一次改变姓名,离开了齐国。

范蠡以布衣之身,第三次迁徙来到了陶。陶是当时中原的地理中心，交通往来的人们络绎不绝，是最理想的经商地点。范蠡就在这里定居下来，经商为生，并自称为"陶朱公"。

他根据时节、气候、民情、风俗等，收藏人家不要的、供给人家需要的，一切行为都顺其自然、顺应时机。夏天储备冬天穿的毛皮，冬天储备夏天穿的薄麻布，天旱的季节储备航船，水多的时候储备车子，等到这些东西需要用的时候就可以卖出去。

没过几年，他就又成了巨富。当地百姓都把陶朱公看成财神，陶朱公也成了后世中国道德经商，也就是儒商的创始先祖。

【评论】

范蠡既有儒家治国平天下的胸怀与理想，又有道家顺应自然的达观，因此他无论是从政、治国还是经商都获得了成功，是罕见的智士，所以被誉为"治国良臣，兵家奇才，商人始祖"。世人也赞誉他："忠以为国；智以保身；商以致富。成名天下。"

第二十八章　民众应循的本分

【原文】

子曰："愚而好自用①,贱而好自专②,生乎今之世,反古③之道:如此者,灾及其身者也。"非天子,不议礼,不制度,不考文。今天下,车同轨④,书同文,行同伦。虽有其位,苟无其德,不敢作礼乐焉。虽有其德,苟无其位,亦不敢作礼乐焉。

子曰："吾说夏礼,杞⑤不足征也。吾学殷礼,有宋存焉。吾学周礼,今用之。吾从周。"

【注释】

① 自用:自以为是。只凭自己主观意图行事,不虚心请教他人。

② 自专:固执己见独断专行。

③ 反古:复古。

④ 轨:车辙的标准。

⑤ 杞:国名。

【译文】

孔子说:"愚昧的人喜欢自以为是,卑贱的人喜欢独断专行,生活在当今的时代,却要恢复古代过时的制度:这样做,灾祸是会降临到自己身上的。"自身不在天子之位,就不去议论礼法是否合适恰

当,不去擅自审订制度,不去擅自考订文字。如今天下的车,轮距统
一,文字统一,伦理道德的标准统一。即使自己有天子的地位,如果
不具备天子应具备的道德修养,就不能擅自创立礼乐制度;即使具
备了天子的道德修养,如果没有天子的地位,也不能擅自创立礼乐
制度。

孔子说:"我能解释夏朝的礼乐制度,但是夏的后裔杞国的文献
资料已不足以验证它。我研究殷朝的礼乐制度,殷的后代宋国还有
残存下来的。我研究周朝的礼乐制度,这是当今正在通行使用的,
我于是遵从周朝的礼乐制度。"

【故事】

卜式放羊言治国

卜式是西汉河南人,自幼家境贫寒,靠种田和放牧为生。他的
父母很早就去世了,留下一个幼小的弟弟。卜式一边照顾弟弟,一
边辛勤工作,累积起很多财富。等到弟弟长大成人,卜式就把家里
的田地、房屋、财产全都留给弟弟,自己只带着一百多只羊到深山里
去放牧。

十多年过去以后,卜式的羊群已经从一百多只增长到一千多
只,他也重新为自己购置了房屋和田地,过着富足的生活。而卜式
的弟弟这些年只是沉醉于享乐,渐渐把当初丰厚的家产全都耗尽
了。卜式见状毫不犹豫地再次把自己的家产分出一部分送给弟弟,
这样进行了几次,周围的邻里乡亲们对卜式极为称赞。

当时,汉朝正在大规模地集结军队,准备对匈奴采取军事行动。
卜式听说后就主动上书给朝廷,表示愿意捐出自己的一半家财帮助
稳定边疆。

皇帝觉得很奇怪,就派了一个使者去把卜式找来问他:"你是想要做官吗?"

卜式回答:"我从小时候起就一直在放羊,没有学过怎么做官,也过不惯官吏的生活,我不想做官。"

使者又说:"那么你家里有什么冤情,希望说出来得到解决吗?"

卜式说:"我生来就没有跟人发生过什么争执。同乡的人如果生活困难,我就送给他们钱财、粮食;如果遇到行为不端的人,我就教育、开导他们。我走到哪里,人们都对我友好顺从。我又怎么会有冤情呢?"

使者只好问他:"那么,你甘心捐出一半家财,是想要得到什么呢?"

卜式老老实实回答说:"皇上要出兵讨伐匈奴,我认为有能力的人就应该去战场上拼死作战,有钱的人就应该把钱捐出来,这样的话我们就可以把匈奴灭掉了。"

使者把这些话汇报给汉武帝,皇帝又把这些话说给丞相公孙弘听了。公孙弘说道:"这种做法可不符合人的本性。对那些图谋不轨的人,不能为了利益而破坏法纪。请陛下不要答应他。"

于是皇帝一直没回复卜式。这样拖了几年,卜式一直闲置着。几年之后,卜式回到家乡,就又到田里去牧羊了。

过了一年多,汉朝军队屡次征战,匈奴王浑邪等人投降了汉朝,朝廷开支越来越大,国库都要空了。第二年,中原的大量贫民开始向边境迁徙,所有费用都要由朝廷支出,但是朝廷已经负担不起来了。卜式就拿出二十万钱交给河南太守,用来发给本地迁徙的民众。河南的其他富人受到卜式影响,也都纷纷拿出钱来帮助贫民。

河南太守把主动捐钱救助贫民的富人名册上报给朝廷,皇帝一看到卜式的名字,就想起了他:"是以前想要捐出一半家产帮助边疆的那个人！"于是下诏赐给卜式很多奖赏。但卜式又把这些奖赏全都还给了官府。

那时候，全国各地的富豪都争相把财产藏起来，只有卜式还想给朝廷捐钱。汉武帝为了表彰他，下诏拜卜式为中郎官，赐爵左庶长，赏田十顷，并且特意布告天下，使他的名字尊贵显赫，用他的良好品德教育、激励天下百姓。

刚开始的时候，卜式不愿意入朝做官，皇帝对他说："我有一群羊养在树林里，想让你去替我放牧。"卜式这才答应，穿着布衣草鞋就去牧羊了。

一年多以后，皇帝亲自到他牧羊的地方去探访查看，发现所有的羊都很肥美，而羊群的数量也增加了很多，皇帝感到很满意。卜式就说："不仅仅是放羊，治理天下、管理人民也是这样。按照时令有规律地劳动和休息，把凶恶的羊赶走，不让它影响败坏整个羊群。"

皇帝对他的话很惊奇，想让他用放羊的道理去试着治理人民，就将他升为缑氏令。后来因为看到卜式质朴忠诚，又升他为齐王太傅，后转做齐国的相国。

南越吕嘉造反，卜式上书说："我听说皇帝因为臣子羞愧而死。大臣们应该以死明节，没有才能的人应该出钱来辅佐军队，这才是能使强国不来侵犯的道理。我愿意跟我的儿子、临菑熟习弓箭的人以及博昌熟习舰船的人前往南越作战，誓死表明我的气节。"

皇上认为他很贤德，下诏说："我听说应该用德行来报答德行，用正直来回报仇怨。现在天下不幸出事了，郡县诸侯没有发扬正直之道。齐相卜式一直以来对农事亲力亲为，对畜牧之事尽心尽力，还常常把家财分给兄弟，可见他能不为利益所迷惑。从前北边有动乱，他就上书说明官府。以前西和的收成不好，他就带领齐地的人缴纳粮食。现在又领头要求平定叛乱，虽然还没有开战，也可以看

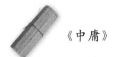

出他的内心有高尚的品德啊！现在我封卜式为关内侯，赏赐黄金四十斤，田十顷，布告天下，让所有人都能知道了解。"汉武帝着实把他表扬了一番，封侯又赐物，想以此来带动天下人。

元鼎中期，皇帝征召卜式代替石庆为御史大夫。卜式在任期间曾上表反对盐、铁专卖，建议停止，汉武帝便开始不太喜欢他了。

第二年，汉武帝举行泰山封禅大典，卜式不熟悉文物典章，被贬为太子太傅，最终以太子太傅得享天年。

【评论】

对于卜式这个人的评价，史学家班超和司马迁的观点完全不同。班超称赞他有"鸿燕之翼"，即大才华，并认为他为人质朴耿直；而司马迁却认为他的言行是"曲学阿世"，即歪曲观念以投世俗所好，对其不以为然。公元一九三七年，正值抗日战争爆发之际，画家张善子画的一些激励时人报效祖国的历史人物画像中，就有卜式的人物画。

第二十九章　天理人情的典范

王①天下有三重②焉，其寡过矣乎！上焉者③虽善无征，无征不信，不信民弗从；下焉者④虽善不尊，不尊不信，不信民弗从。故君子之道，本诸身，征诸庶民，考诸三王⑤而不缪⑥，建⑦诸天地而不悖，质⑧诸鬼神而无疑，百世以俟⑨圣人而不惑。

质诸鬼神而无疑，知天也；百世以俟圣人而不惑，知人也。是故君子动而世为天下道⑩，行而世为天下法，言而世为天下则。远之，则有望⑪；近之，则不厌⑫。《诗》曰："在彼无恶，在此无射⑬；庶几夙夜⑭，以永终誉！"君子未有不如此而蚤⑮有誉于天下者也。

【注释】

① 王：统治。做动词用，王天下即在天下做王的意思，也就是统治天下。

② 三重：指上一章所说的三件重要的事，仪礼、制度、考文。

③ 上焉者：指在上位的人，即君王。

④ 下焉者：指在下位的人，即臣下。

⑤ 三王：指夏、商、周三代君王。

⑥ 缪：通"谬"，错误。

⑦ 建：立。

⑧ 质：质询，询问。

⑨ 俟：待。

⑩ 道：通"导"，先导。

⑪ 望：威望。

⑫ 厌：讨厌，憎恨。

⑬ 射：厌弃。

⑭ 夙夜：早晚，夙，早。

⑮ 蚤：通"早"。

【译文】

治理天下有三件重要的事：议订礼仪，制订法度，考订文字规范，都能做好也就没有什么大的过失了吧！很早以前的君王天子（如夏、商），虽然礼法制度非常完美，但如果没有办法证实的话，就不能取信于民，不能取信，百姓就不会服从。在下位的圣人，礼法主张虽然完美，但他们的地位不够尊贵，没有尊贵的地位也不能取信于民，不能取信，百姓就不会服从。

所以君子治理天下应该以修养自身的德行为根本，取信于民，考查参照夏、商、周三代先王的制度而没有违背的地方，树立于天地之间和同天道没有悖逆，质证于鬼神而没有疑惑，等到百世以后圣人出现也没有什么疑惑。

质证于鬼神而没有疑惑，这说明懂得了天理；等到百世以后圣人出现也没有什么疑惑，这说明懂得了人情。所以君子的言行举止往往能成为世世代代天下人民的先导，一举一动能成为世世代代天下人民的法度，语言议论能成为世世代代天下人民的准则。在远处有威望使人思慕，在近处也不使人厌倦。

《诗经》上说："他在那里没有人憎恶，他来这里没有人厌烦，日日夜夜勤勉操劳，为了保持美好的名望。"君子之中没有不这样做而能够早早在天下享有盛誉的。

【故事】

晋文公退避三舍

春秋时期，晋国的国君晋献公听信谗言，逼迫太子申生自杀，又派人捉拿申生的弟弟公子重耳。重耳听到消息，连忙带人逃出了晋国，此后一直在各诸侯国之间辗转流亡，长达十几年时间。

后来，重耳等人到了楚国，当时楚国的在位国君是楚成王。成王认为公子重耳将来一定会有大作为，就用最隆重的礼节来迎接他，把他当作最尊贵的客人来对待。

有一天，楚成王摆了酒席宴请重耳，两个人一边喝酒一边聊天，气氛十分轻松融洽。聊着聊着楚王忽然就问重耳："如果将来有一天你能够回到晋国当上国君，打算怎么报答我呢？"

重耳想了一会儿，回答说："要说美女侍从、珍宝丝绸这些普通财物，大王您有的是；要说珍禽羽毛、象牙兽皮这些难得一见的宝物，更是本属楚地的盛产。晋国又能有什么珍奇物品献给大王呢？"

楚王说："公子过谦了。话虽然这么说，可是总该对我有一些表示吧？"

重耳笑了笑，回答道："如果真能托您的福，将来有一天回国当政的话，我愿意让晋国与贵国维持友好的关系。假如有一天，晋国与楚国之间发生不可避免的战争，我一定命令军队先向后退避三舍（一舍等于三十里）。如果这样还不能得到您的谅解而退兵的话，我再与您交战。”

四年以后，公子重耳真的回到晋国当上了国君，这就是历史上有名的晋文公。

晋文公即位以后，把晋国治理得渐渐强盛起来，并想实现他成为中原霸主的理想。这时候，位于洛邑的周王室发生了内乱，周朝天子周襄王派人来向晋文公求助。

周襄王有一个异母弟弟叫太叔带，带联合了一些大臣，藉助狄国的军队，夺取了王位。周襄王只带了几十个随从逃到临近的郑国。他下令各国诸侯派遣军队护送他回洛邑去。各国诸侯有的派人去表示慰问，有的送去很多食物供给，可是就是没有人愿意发兵去攻打狄人。

正在无奈的时候，有人对周襄王说：“现在诸侯当中，只有秦、晋两国有力量打退狄人，别人恐怕是没有用。”襄王于是打发使者来请晋文公护送他回朝。

晋文公马上就发兵往东打过去，打败狄国人，杀了太叔带和他的拥护者，然后护送天子回到京城。

两年之后，楚成王派大将成得臣率领楚、陈、蔡、郑、许五个国家的兵马攻打宋国。宋襄公的儿子宋成公也向晋文公来求救兵，大臣们纷纷表示赞同出兵，他们说：“楚国经常侵犯我们中原诸侯，主公想要扶助有困难的弱小国家，建立霸业，现在就正是时候啊！”

晋文公也早就意识到，要想当上中原霸主，就必须先打败强大的楚国。于是他立刻扩充队伍，亲自率领着庞大的军队，浩浩荡荡去救宋国。

晋军先去打下了归附楚国的曹国和卫国，俘虏了两国的国君。楚成王本来就不想跟晋文公交战，一听说晋国出兵，立刻就派人下令叫成得臣退兵。可是成得臣觉得打到现在，宋国一定可以拿下来,不肯半途而废,更不愿意面对晋国大军不战而退,便派部将去对成王说:"我虽然不敢说确信能够打胜,也一定要与晋军拼杀到底。"

楚成王虽然不痛快,但是也没什么办法,就撤出了很多兵力,没有全部交给成得臣指挥。

成得臣先派人通知晋军,要他们释放卫、曹两国国君。晋文公却暗地与这两国国君达成了协定,只要他们去跟楚国断交,晋国就恢复他们的君位。

曹、卫两国真的按晋文公的意思去跟楚国绝交了,这使正一心要救他们的成得臣暴跳如雷。他非常确信这一定是重耳逼他们做的,立即下令全军赶到晋军驻扎的地方去。

晋文公见楚军进军,立刻就命令晋国军队往后撤。晋军中有些将士不能理解,说:"我们的统帅是国君,对方的却只是个臣子,哪有国君让臣子的道理?"

狐偃就向他们解释说:"打仗要理直气壮才能取胜。当初楚王曾经帮助过主公,主公在楚王面前答应过:要是两国交战,晋国情愿退避三舍。今天后撤,就是为了实现当初的这个诺言。如果我们对楚国失信,那么我们就理亏了。但是我们现在退兵,他们还不肯甘休的话,那就是他们理亏,我们那时候再跟他们交手也不晚。"

晋国军队于是一口气后撤九十里,到了城濮才停下来,部署好阵势等待楚军。

楚国有些将军见晋军后撤,就想停止进攻。可是成得臣不肯,他步步紧逼地追到城濮,还向晋文公送去了措辞十分傲慢的战书。晋文公派人回答说:"我们从来都没忘记过楚国的恩惠,所以才会退让到这里。但既然这样你们都不肯谅解,那也只好在战场上一较高下了。"

晋楚两个强国之间的大战开始了。刚刚交手,晋国的军队就一

路向后败退，他们的战车后面还拖着很多伐下的树枝，扬起一阵阵的烟尘，看上去十分慌乱。

一向骄傲自大的成得臣从来也没把晋军放在眼里，此时更认定晋国是怕了他们，于是毫不顾忌地直追过去，正中了晋军的埋伏。晋军最精锐的中军，从侧面猛冲过来，把成得臣的军队拦腰切断。原来假装败退的一支又回过头来，前后夹击，把楚军杀得七零八落。

晋文公又连忙下令，要将士们不再追杀逃跑的楚军。成得臣带着残余的部队走在回楚国的路上，自己觉得无法向楚成王交代，就自杀了。晋军占领了楚国营地，把楚军遗弃下来的粮食吃了三天，才胜利回国。

城濮一战晋国打败楚国的消息传到了周朝都城洛邑，周襄王和大臣都认为晋文公立了大功。周襄王还亲自来到践土慰劳晋军。晋文公就趁此机会，特意在践土给周天子造了一座新宫殿，并且约来各国诸侯开大会、订盟约。从此，晋文公正式当上了中原的霸主。

【评论】

晋文公不忘旧恩、信守承诺，在与楚国作战时主动"退避三舍"，表现了他重礼守信的一面；但在面对敌人的步步紧逼、骄横无礼时，又能有勇有谋、大败敌军，最终获得城濮之战的胜利。这种进退有据、先礼后兵的做法，使晋文公在德行与威严两方面都获得了美誉，成为当之无愧的号令中原的一代霸主。

第三十章 化育万物的德行

【原文】

　　仲尼祖述①尧舜,宪章②文武;上律天时,下袭③水土。辟如天地之无不持载,无不覆帱④,辟如四时之错行⑤,如日月之代明⑥。万物并育而不相害,道并行而不相悖⑦,小德川流⑧,大德敦化⑨,此天地之所以为大也。

【注释】

① 祖述:效法、遵循前人的行为或学说。

② 宪章:遵从,效法。

③ 袭:与上文的"律"近义,依顺,符合。

④ 帱:覆盖。

⑤ 错行:交错运行,流动不息。

⑥ 代明:交替光明,循环变化。

⑦ 悖:背。

⑧ 川流:河水长流。

⑨ 敦化:使万物敦厚纯朴。

【译文】

孔子遵循尧舜的法度,以文王、武王为典范,上遵循天时变化,

下符合水土地理。就好像天地那样没有什么不能承载,没有什么不能覆盖,好像四季交错运行,好像日月交相辉映。世上万物一齐生长而不会互相妨害,世上道路同时并行而不会互相冲突。小的德行如河水长流不息,大的德行使万物敦厚纯朴,这就是天地之所以伟大的道理啊!

【故事】

蔡元培"相容并包"

公元一九一六年十二月二十六日,民国五年,四十九岁的蔡元培受命担任北京大学校长。

北京大学就是清末的京师大学堂,民国成立后,改称北京大学。当时的北京大学校政腐败,制度混乱,学生求官心切,学术空气淡薄,封建文化泛滥,不少师生品行不检,为社会所菲薄。

在蔡元培上任之前,北大已换过五任校长,都没能改变局面。许多人劝他不要就任,以免因为改造不好而影响了自己的声名,但是蔡元培已经下定决心。实际上,自从戊戌变法失败后,蔡元培就一直坚定不移地秉持"教育救国"的理念。于是,蔡元培接受了北洋政府大总统黎元洪的北大校长委任状,开始准备对北大进行全面改革。

公元一九一七年一月四日,蔡元培赴北大上任。到任当天,校工们在门口恭恭敬敬地排队向他行礼,蔡元培则脱下礼帽,郑重其事地向校工们回鞠了一个躬,这就使校工和学生们大为惊讶。实际上,蔡元培从来也没有把北大校长一职看作官职,他不做官,也要求学生们不做官。

蔡元培在北大推行的改革灵魂就是"思想自由,相容并包",这也是他贯彻始终的办学原则。蔡元培认为大学应该是研究高深学问的学府,大学应该广泛吸收各种人才,容纳不同学派。如果抱残守缺,持一孔之论,守一家之言,就不可能成为真正高水准的大学。

由于学说必须由人提倡、宣传和发展,教员又以研究和传授学问为己任,所以思想自由、相容并包的办学原则,在实际中更多的是表现在对待教员方面。蔡元培聘请教员,最重要的是要看有没有专长的学问。只要有真才实学,有研究学问的兴趣和能力,就聘为教员。反之,如果学术水准低,那就不管什么人,一律辞退。而对于教员的政治见解,学术派别,只要不妨碍授课,就不作为取舍标准。

蔡元培到任仅仅一周之后,就呈请教育部聘任陈独秀出任北大的文科学长。蔡元培与陈独秀这两个人的个性完全不同:陈独秀年轻气盛,蔑视世俗,个性张扬,锋芒逼人,颇有魏晋名士的风范;而蔡元培为人却是外圆内方,连疾言厉色都很少见,更具鸿儒气度。但是蔡元培看中陈独秀的,恰恰正是他的新锐和毅力。

为了延请陈独秀,蔡元培还特意"亲顾茅庐",前往陈独秀的住处登门拜访。但是陈独秀习惯晚睡晚起,蔡元培到达时他还酣睡未起。蔡元培也不叫他,就自己耐心地坐在门口的一只小板凳上,等待着年龄小他一轮的陈独秀醒来。

陈独秀当时正一心一意在上海办杂志,并不打算接受北大的教职,是蔡元培用自己的诚意与胸怀最终说服了陈独秀。他接受了蔡元培的聘请,并且决定把《新青年》搬到北京来办。而《新青年》杂志恰恰是后来以北京为中心的新文化运动和五四运动的肇始和大本营。

蔡元培引进陈独秀当了文科学长之后,陈独秀又引进了胡适进北大当教师。而胡适当时还没拿到博士学位,不过是个寂寂无闻的小伙子。后来,胡适在他的纪念文章里曾提到,如果没有蔡元培,他

的一生可能不过当个二三流的报刊编辑而已。

陈独秀与胡适，是蔡元培"思想自由，相容并包"的著名方针下的两段佳话。

然而蔡元培作为新文化的宣导者，不仅聘请了新文化运动的旗手陈独秀，还聘请了一批学养深厚的守旧派人物，其中最有代表性的就是"生在南洋，学在西洋，婚在东洋，仕在北洋"的辜鸿铭。辜鸿铭学贯中西，却一生致力于宣扬中国文化，嘲讽西学，不管是在外国还是在中国，始终一副清朝的衣着打扮。但是他又特别受西方人尊重，以致当时的外国人中流传着一个说法——"到北京可以不看三大殿，不可不看辜鸿铭"。

周作人曾经这样描写辜鸿铭："生得一副深眼睛、高鼻子的洋人相貌，头上一撮黄头毛，却编成了一条小辫子，冬天穿枣红宁绸的大袖方马褂，上戴瓜皮小帽；不要说在民国十年前后的北京，就是在前清时代，马路上遇见这样一位小城市里的华装教士似的人物，大家也不免会睁大了眼睛看得出神吧！尤其妙的是那包车的车夫，不知是从哪个乡下去特地找来的，或者是徐州辫子兵的余留亦未可知，也是一个背拖大辫子的汉子，和课堂上的主人正好是一对，他在红楼的大门外坐在车兜上等着，也不失车夫队中一个特殊的人物。"

辜鸿铭到北京大学任教的第一天，学生们见他梳着小辫走进课堂，不禁哄堂大笑。辜鸿铭平静地说："我头上的辫子是有形的，你们心中的辫子却是无形的。"狂傲、新潮的北大学生当场静默。

就这样，蔡元培的"相容并包"思想，吸引了中国的各路学术精英，使北大教师队伍一时出现流派纷呈的局面。例如在文科教师队伍中，既有新文化运动的著名代表人物，如陈独秀、李大钊、鲁迅、胡适、钱玄同、刘半农、沈尹默等，也有政治上保守而旧学深沉的学者，如黄侃、刘师培、黄节、辜鸿铭、崔适、陈汉章等。在政治倾向上，激进派、保守派和改良派兼而有之。这一切都令当时的北大呈现出百家争鸣的态势，形成了"问难质疑，坐而论道"和民主自由的学风。北大异于其他大学、吸引一代又一代学子的独特传统，也是从那时开始的。

在蔡元培的领导下，北京大学的改革是全方位的，"相容并包"不仅包容不同的学术和学说流派、不同的人物和主张，也在男生之外包容女生，开了公立大学招收女生之先例。在正式生之外包容旁听生，让教学和学术活动向社会公开。北大还开办了不少平民学校和夜校等，努力服务于社会，有力地促进了大学的开放性和平民化程度。

【评论】

北京大学的现代传统与校格是由蔡元培而建立，北大任职时期也是蔡元培职业生涯最辉煌的时期，因为他对大学教育体系的创立，被浓墨重彩地载入中国教育史。有人评价蔡元培是丰厚的精神之水，无边的黑暗里的坚毅与坦荡之怀，连接着一个民族的期冀。

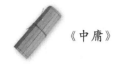

第三十一章　伟大圣人的智慧

【原文】

　　唯天下至圣为能聪明睿知①,足以有临②也;宽③裕④温柔,足以有容⑤也;发强⑥刚毅,足以有执⑦也;齐庄⑧中正⑨,足以有敬也;文理⑩密察⑪,足以有别⑫也。溥博⑬,渊泉⑭,而时出之⑮。溥博如天;渊泉如渊。

　　见⑯而民莫不敬,言而民莫不信,行而民莫不说⑰。是以声名洋溢⑱乎中国,施及蛮貊⑲。舟车所至,人力所通,天之所覆,地之所载,日月所照,霜露所队⑳:凡有血气者莫不尊亲。故曰配天。

【注释】

　　① 知:通"智"。

　　② 有临:居上临下。临,本指高处朝向低处,后引申为上对下之称。

　　③ 宽:广大。

　　④ 裕:舒缓。

　　⑤ 有容:容纳,包容。

　　⑥ 发强:发,奋发。强,勇力。

　　⑦ 有执:操持决断天下大事。

⑧ 齐庄：恭敬庄重。

⑨ 中正：不偏不倚。

⑩ 文理：文章条理。

⑪ 密察：详察细辨。

⑫ 有别：辨别是非正邪。

⑬ 溥博：辽阔广大。

⑭ 渊泉：深潭，后引申为思虑深远。

⑮ 而时出之：出，溢出。

⑯ 见：同"现"。指仪容。

⑰ 说：通"悦"，喜悦。

⑱ 洋溢：广泛传播。

⑲ 蛮貊：古代两个边远部族的名称。

⑳ 队：通"坠"，坠落。

【译文】

只有天下最伟大崇高的圣人，才具有充分的聪明智慧，足以居上位而治理民众；宽宏大量，温和文雅，足以包容天下；奋发勇健，刚强坚毅，足以决断天下大事；威严庄重，忠诚正直，足以博得人们的尊敬；文章条理清晰，著述缜密，足以辨别是非邪正。崇高的圣人，美德就像广博而又深厚的潭水，时常有清泉流出。德性广博如上天，德性深厚如池渊。

美德表现在仪容上，百姓中没有谁不敬佩的；表现在言谈里，百姓中没有谁不信服的；表现在行动上，百姓中没有谁不赞成的。因此，他的美好名声广泛流传在中原大地，并且传播到边远的少数民族地区。只要有车船行驶的地方，人力通行的地方，上天覆盖的地方，大地负载的地方，日月照耀的地方，霜露降落的地方；凡是有血

气生命的人，没有不尊敬他、不热爱他的。所以说圣人的美德能与上天相匹配。

【故事】

尧帝溥博如天

尧帝是中国上古时代的圣王，姓伊祁，名放勋，为上古五帝之一。

尧帝是黄帝的后代，帝喾（五帝之一）的儿子。帝喾去世后，由他的长子挚继承帝位。放勋十五岁时，被封为唐侯。他在唐地发展农业，妥善处理各类政务，把唐地治理得井井有条，不仅受到百姓的拥戴，而且还得到很多部族首领的赞许。九年后，帝挚觉得自己的能力比不上弟弟放勋，便亲率百官到唐地，将帝位禅让给放勋。

放勋即帝位后，改帝号为尧。因为尧帝最初被封于唐，因此以唐为朝代号，这便是中国历史上的第一个朝代号，同时被后人称为唐尧。

在尧的时代，天文历法还很不完善，百姓耕作无所依凭，经常会耽误农时，是尧帝首次制订了历法并颁布天下，使农业生产有所依循，这就叫"敬授民时"。

他亲自组织专门人员总结前人的经验，令羲和两族掌天文，根据日月星辰运行等天象和自然物候来推定时日，测定四季。

他派羲仲住在东方海滨叫旸谷的地方，观察日出的情况，以昼夜平分的那天作为春分，并参考鸟星的位置来校正；派羲叔住在叫明都的地方，观察太阳由北向南移动的情况，以白昼时间最长的那天为夏至，并参考火星的位置来校正；派和仲住在西方叫昧谷的地方，观察日落的情况，以昼夜平分的那天作为秋分，并参考虚星的位置来校正；派和叔住在北方叫幽都的地方，观察太阳由南向北移动的情况，以白昼最短的那天作为冬至，并参考昴星的位置来校正。

二分、二至确定以后，尧决定以月亮一周期为一月，太阳一周期为一年，以三百六十六日为一年，每三年置一闰月，用闰月调整历法和四季的关系，使每年的农时正确，不出差误。由此可知，古人为何将帝尧的时代视为农耕文化出现飞跃进步的时代。

尧帝当政以后，生活依然非常俭朴，他住在茅草屋里，每天喝的是野菜汤，穿的是粗布衣服。

尧帝还时刻注意倾听老百姓的意见，他在简陋的宫门前设了一张"欲谏之鼓"。不管是谁，只要想对他或国家提什么意见或建议，都可以随时击打这面鼓，尧帝听到鼓声后便会立刻接见，认真听取来人给他提出的建议或意见。另外，为方便各处的民众找到朝廷，尧帝还让人在交通要道设立了很多"谤木"，就是埋上一根木柱，木柱旁派专门的人看守。老百姓有什么建议或意见时，可以向看守"谤木"的人陈述；如果老百姓愿意亲自去朝廷，看守"谤木"的人就会给予指引。

由于尧帝能够积极倾听老百姓的意见和采纳他们的建议，他在累积一定的施政经验后，便着手建立国家的政治制度，其中很重要的一条就是按各种政务任命官员，这是中国历史上第一次建立较为系统的政治制度。另外，尧帝还考察百官的政绩，区分高下，奖善罚恶，使政务井然有序；同时注意协调各个部落之间的关系，教育老百姓和睦相处。这样，很快便出现"协和万邦，黎民于变时雍"、天下安宁、世风祥和的政治清明局面。

史书记载尧的时代有名的功臣就有十一个，可以说是人才济济。但是他仍然担心埋没人才，野有遗贤。所以常常深入穷乡僻壤，到山野之间去寻查细访，求贤问道，察访政治得失，选用贤才。

尧曾到汾水北岸的姑射之山，去参拜方回、善卷、披衣、许由四

位有道之名士。

善卷为人重义轻利，不贪图富贵，是有名的贤者；尧觉得自己各方面都比不上善卷，于是谦恭好礼，用平民对待长者、学生对待老师的礼节去拜访善卷。尧让善卷待在主位，自己站在下边，面向北施礼求教。

尧还想把天下让给善卷，善卷回答说："我生于宇宙之中，冬天穿皮衣夏天穿葛布，春季播种秋季收割，有劳有逸，日出而作，日落而息，在天地之间逍遥自在，心满意足，我要天下做什么！可悲啊！你太不了解我了。"善卷因此离开北方，到南方的一个溶洞中隐居去了。

尧的老师叫许由，许由的老师叫啮缺，啮缺的老师叫王倪，王倪的老师叫披衣。披衣也叫蒲衣，居住在蒲谷山，尧也曾经亲自前去拜访，向他学习。现在的蒲县里的蒲伊村，传说就是蒲衣当年隐居的地方，蒲伊村的名字也是因此而来的。如今的蒲伊村附近还有一个讲道台，据说就是帝尧与蒲伊谈论大道的地方。

后来，帝尧想把天下让给许由。许由崇尚自然无为，不贪求名利富贵，坚持自食其力，生活简朴。他听说帝尧要来访他，就离开住所躲起来了。过了一段时间，帝尧在一片宽阔的沼泽地里找到了许由。他向许由恭敬地行礼，并且劝他说："太阳出来了，火把还不熄灭，在照亮宇宙的太阳光下要它放光，不是多余的吗？大雨下过了，还去浇园，不是徒劳吗？作为天子，我很惭愧，我占着帝位很不适宜，请允许我将天下嘱托给先生，那么天下必然太平。"

许由则对帝尧说："你治理天下，已经升平日久。既然天下已经治理好了，还要让我代替你去做一个现成的天子，我为了名声吗？名声，是实际物质的从属，我对那个虚名不感兴趣。鹪鹩即使在深林里筑巢，也不过占上一枝就够了；鼹鼠就是跑到黄河里去喝水，也不过喝满肚子就足够了。你就回去吧！天子之位对于我没有什么用处。"许由于是来到箕山之下，颍水的北边，靠耕田劳作获取食物，非常快活，终生不贪求帝位。

尧在位七十年，没有把帝位传给儿子丹朱，而是请手下的大臣们推荐人选。他们推荐了舜，说这个人很有孝行，并且能感化别人，使他们改恶从善。尧决定先考察一番，然后再行决定。经过三年各式各样的考察之后，尧决定将帝位禅让给舜，自己退居避位。

【评论】

尧是上古时期的圣王，他去世的时候"百姓悲哀，如丧父母"。他既是伦理道德方面的理想人格，又是治国平天下的君主楷模。

《中庸》

第三十二章　真诚达到的智慧

【原文】

　　唯天下至诚，为能经纶①天下之大经，立天下之大本②，知天地之化育。夫焉有所倚？肫肫③其仁！渊渊其渊④！浩浩其天⑤！苟不固⑥聪明圣知达天德者，其孰能知之⑦？

【注释】

　　① 经纶：意思是治理国家大事，创制天下的法规。经，纺织的经线，引申为常道、法规。

　　② 大本：根本大德。本，根本。

　　③ 肫肫：与"忳忳"同，恳切、诚挚的样子。

　　④ 渊渊其渊：意为圣人的思虑如潭水一般幽深。渊渊，水深。《庄子·知北游》："渊渊乎其若海。"

　　⑤ 浩浩其天：圣人的美德如苍天一般广阔。浩浩，原指水盛大的样子。引申意为广阔。《诗经·小雅·雨无正》："浩浩昊天。"

　　⑥ 固：实在、真实。

　　⑦ 其孰能知之：之，代名词。指文中首句中"天下至诚"。

【译文】

　　只有天下最真诚的人，才能创设和修订天下的基本大纲，才能树立天下道德的根本法则，掌握天地化育万物的深刻道理。至诚的人哪里需要什么别的依靠呢？至诚的人施恩仁厚那样诚挚恳切！仁德思想像潭水那样幽深！像苍天那样广阔浩大！如果不是具有超凡的聪明智慧，通达天赋美德的人，谁能知道这些真诚的道理呢？

【故事】

唐太宗济世安民

唐太宗李世民是唐朝的第二位皇帝，他名字的意思是"济世安民"。李世民从十几岁时就作为父亲李渊的部将开始带兵打仗。他骁勇善战，机智勇敢，在隋末天下大乱之时，更是成为唐太祖李渊夺取天下、建立唐朝最为得力的战将之一。

作为一个事实意义上的开国皇帝，唐太宗既没有像之前的汉高祖刘邦"狡兔死，走狗烹"，也没有像之后的宋太祖赵匡胤"杯酒释兵权"，而是和众位文臣武将一起，齐心协力，治国安邦，使饱经长期离乱之苦的百姓生活很快得到了好转，整个国家也渐渐呈现出欣欣向荣的升平景象。

隋朝实行暴虐苛酷的统治以致迅速亡国，唐太宗深刻汲取教训，强调以民为本，重视百姓生活，认识到百姓的支持才是稳定统治的基础，他常说："民，水也；君，舟也。水能载舟，亦能覆舟。"即位之初，太宗就下令减轻徭役和赋税，让老百姓能够休养生息。唐太宗爱惜民力，从不轻易征发徭役。他患有气喘病，非常不适合居住在潮湿的旧房子，但他一直在隋朝的旧宫殿里住了很久。

唐太宗注重法治，他曾说："国家法律不是帝王一家之法，是天下都要共同遵守的法律，因此一切都要以法为准。"法律制订出来后，唐太宗就以身作则，带头守法。太宗执法时铁面无私，量刑时却

又极为谨慎,因为"人死了不能再活",因此执法力求宽大简约。史书记载,贞观三年,全国判死刑的才二十九人,几乎达到了封建社会法制的最高标准——即可以不用刑罚。

唐太宗十分重视人才,他完善了科举制度,增加考试科目,扩大应试范围和人数,以便使更多的人才涌现出来。为此,他广开言路,虚心纳谏。他在位二十多年,进谏的官员不下三十人,其中大臣魏征一个人进谏的就有两百多件,数十万字,全都切中时弊,对改进朝政很有帮助。

贞观二年,魏征被授秘书监,并参掌朝政。这一年,长孙皇后听说一位姓郑的官员有个才貌极其出众的女儿,年仅十六七岁,就请太宗把她纳入宫中。太宗便下诏将这名女子聘为妃子。

但是魏征却听说她先前已经许配了一户姓陆的人家,便立即入宫进谏说:"陛下为人父母,应当以百姓的忧愁为忧愁,以百姓的欢乐为欢乐。居住在宫室台榭之中,要想到百姓都应该有房屋可以安身;吃着山珍海味,要想到百姓是否遭受饥寒之苦;嫔妃满院,要想到百姓也要有室家之欢。现在郑家的女儿,早已许配陆家,陛下未加详细查问,便将她纳入宫中,如果传闻出去,难道是为民父母的道理吗?"

太宗大吃一惊,当即深表内疚,并决定收回成命。但是其他的大臣却认为郑氏许人的事是子虚乌有,坚持说诏令有效。陆家也派人递上表章,声明以前两家虽然有钱财往来,但是并没有定亲。这使唐太宗半信半疑,又召来魏征询问。魏征直截了当地说:"陆家否认此事,是害怕陛下以后藉这件事加害他们。里面的缘故十分清楚,一点也不奇怪。"太宗这才恍然大悟,便坚决地收回了诏令。

魏征因为一直勇于犯颜直谏,即使在太宗盛怒之际,他也从不退让,以至于唐太宗有时对他也会产生敬畏之心。

有一次,唐太宗想要去秦岭山里打打猎消遣一下,行装早就已准备好了,但却迟迟没有动身成行。后来,魏征问起这件事,太宗就笑着回答道："当初的确有这个想法，但是因为担心你又要直言进谏，所以很快又打消了这个念头。"

还有一次太宗得到了一只上好的鹞鹰，正把它放在自己的肩膀上把玩，忽然看见魏征远远地向他走来了，就赶紧把鸟藏在了怀里。魏征奏事的时间很长，等他走后，把鹞鹰拿出来一看，却已经闷死在太宗的怀里了。

到了贞观六年，经过休养生息，百姓们生活富足，安居乐业。加上清明的政治，路不拾遗，夜不闭户，唐朝社会已经是呈现一片繁荣景象。于是，群臣都请求太宗去泰山举行封禅仪式，藉以炫耀功德和国家富强，只有魏征表示反对。

唐太宗就问他："你不主张进行封禅，是认为我的功劳不高、德行不尊、中国未安、四夷未服、年谷未丰、祥瑞未至吗？"

魏征回答说："陛下虽然已经具备了以上六德，但是自从隋末天下大乱以来，直到现在，户口并未恢复，仓库尚为空虚，而车驾东巡，千骑万乘，耗费巨大，沿途百姓承受不了。况且陛下封禅，必然会万国聚集，即使是边远蛮夷地区的君长也要前来。可是如今中原一带，人烟稀少，灌木丛生，万国使者和远夷君长看到中国如此虚弱，岂不产生轻视之心？如果赏赐不周，就不会满足这些远人的欲望；即使免除赋役，也远远不能报偿百姓的破费。如此仅仅图一个虚名而实际会受害的事，陛下为什么要做呢？"不久，正赶上中原好几个州暴发洪水，封禅之事也就从此停止了。

贞观七年，中牟县丞皇甫德参向太宗上书说："修建洛阳宫，让百姓过于劳苦；收取地租的数量太多；平民妇女也喜欢梳高髻，是从宫中传出来的。"

太宗看了之后大怒，对宰相们说："看来德参是想让国家不役使一个人，不收任何地租，富人都没有头发，才符合他的心意。"接着就想治皇甫德参诽谤之罪。

 《中庸》

　　魏征劝谏道:"自古以来上书如果不偏激,就不能触动人主的心。所谓狂夫之言,圣人择善而从。请陛下想想这个道理。"最后还强调说:"陛下最近不大爱听直言了,虽然还能够勉强包涵,却已经不像从前那样豁达自然了。"唐太宗觉得魏征说得入情入理,便转怒为喜,不但打消了给皇甫德参治罪的想法,还把他提升为监察御史。

　　贞观十二年,魏征看到唐太宗逐渐怠惰,懒于政事,追求奢靡,便奏上著名的《十渐不克终疏》,列举了唐太宗执政初期到当前为政态度的十个变化。他还向太宗上了《十思》,就是现在依然广为流传的《谏太宗十思疏》,用来提醒唐太宗。

　　贞观十六年,魏征染病卧床,唐太宗派去探视的使者们络绎不绝,在道路上都能够互相望见。魏征一生节俭,家里连个正规的卧室都没有,唐太宗立刻下令把为自己修建小殿的材料,全部为魏征建造大屋。不久,魏征病逝家中。太宗亲临吊唁,痛哭失声,并说:"夫以铜为镜,可以正衣冠;以古为镜,可以知兴替;以人为镜,可以明得失。朕常保此三镜,以防己过。今魏征殂逝,遂亡一镜矣。"

　　魏征在贞观年间先后上疏两百余条,强调"兼听则明,偏听则暗",这对唐太宗开创的千古称颂的"贞观之治"发挥了重大的作用。

　　唐太宗在位二十三年,使唐朝经济发展,社会安定,政治清明,人民富裕安康,出现了空前的繁荣。由于他在位时年号为贞观,所以人们把他统治的这一段时期称为"贞观之治"。"贞观之治"是中国传统农业社会的鼎盛时期,也是中国历史上最为璀璨夺目的时期。

【评论】

　　唐太宗李世民是中国最杰出的英明君主之一,是中国帝王中被真心称颂崇拜的人物。他治理国家的一言一行,成为以后所有帝王的楷模。

第三十三章　高尚美德的境界

【原文】

《诗》曰："衣锦尚絅①"，恶其文之着也。故君子之道，暗然②而日章；小人之道，的然③而日亡。君子之道，淡而不厌，简而文，温而理。知远之近，知风之自，知微之显。可与入德矣。

《诗》云,："潜虽伏矣，亦孔④之昭⑤!"故君子内省不疚，无恶于志。君子之所不可及者，其唯人之所不见乎!

《诗》云："相⑥在尔室，尚不愧于屋漏⑦。"故君子不动而敬，不言而信。

《诗》曰："奏假无言，时靡⑧有争。"是故君子不赏而民劝，不怒而民威于鈇钺⑨。

《诗》曰："不显⑩惟德! 百辟⑪其刑⑫之。"是故君子笃恭而天下平。

《诗》云："予怀明德，不大声以色⑬。"子曰："声色之于以化民，末也。"

《诗》云："德輶如毛⑭。"毛犹有伦⑮。"上天之载，无声无臭⑯。"至矣。

227

《中庸》

【注释】

① 衣锦尚绚：引自《诗经·卫风·硕人》。衣，动词，穿衣。锦，色彩鲜艳的衣服。尚，加。绚，用麻布制的罩衣。

② 暗然：隐藏不露。

③ 的然：鲜明，显著。

④ 孔：很。

⑤ 昭：明显。

⑥ 相：注视。

⑦ 不愧于屋漏：屋漏，古代指房屋西北角设小帐的地方，相传是神明所在。所以这里是以屋漏代指神明。不愧屋漏喻指心地光明，不在暗中做坏事，起坏念头。

⑧ 靡：没有。

⑨ 铁钺：古代执行军法时用的斧子，这里借指刑具。

⑩ 不显："不"通"丕"，不显即大显。

⑪ 辟：诸侯。

⑫ 刑：通"型"，示范，效法。

⑬ 大声以色：声，号令。色，容貌。以，与。

⑭ 德輶如毛：美德如羽毛一样轻。輶，古代一种轻便车，引申为轻。

⑮ 伦：比。

⑯ 臭：气味。

【译文】

《诗经》上说："身穿锦绣绸缎，外面又罩件布衫。"这是为了避免锦衣花纹太耀眼显露。所以，君子的处世之道是表面深藏不露而后日渐明朗；小人的处世之道是外表显露无遗而后日益消亡。君子的道,看似平淡而深有意味,外表简朴而内含文采,行事温和有条有理,懂得要达到远方需从近处开始,懂得教化社会需从自身做起,懂得事情由隐微到显著的变化规律,这样,就可以进入有道德的境界了。

《诗经》上说:"鱼儿在水中潜藏虽然很深,但也会看得很清楚。"所以君子经常在内心进行自我反省就不会愧疚,就没有恶念头存于心志之中。君子的德行之所以高于一般人,大概就是在这些不被人看见的地方吧!

《诗经》上说:"看你在室内独处的时候,是不是能做到无愧于神明。"所以,君子就是在没做什么事的时候也是谨慎恭敬的,就是在没有对人说什么的时候也是信实真诚的。

《诗经》上说:"祭祀时进奉诚心,感通神灵。肃穆无言,没有争执。"所以,君子不需要进行赏赐,百姓们也会互相劝勉从善;不用发怒,百姓们也会由于畏惧而不会触犯甚于斧钺的刑律。

《诗经》上说:"弘扬那光明耀眼的德行啊!诸侯们都来效法。"所以,君子笃实恭敬,天下就能太平无事。

《诗经》上说:"我怀念周文王那样光明的品德,对人从来不用厉声厉色。"孔子说:"用厉声厉色去教育百姓,是不懂根本的拙劣行为。"

《诗经》上说:"美好的德行轻柔如同羽毛。"但是羽毛还是有物可比拟。《诗经》又说:"上天化生万事万物,无声无味多么渺茫。"这就是用德行来教化民众的最高境界啊!

【故事】

大禹治水安天下

中国上古时期,帝尧在位的时代,爆发了大洪水,天地之间一片

汪洋,天下百姓深陷于愁苦之中。尧帝命禹的父亲鲧去专门治理洪水。传说鲧从天帝那里得到一块息壤,于是他采用"堵"的方法,率领民众筑水坝修堤堰,辛辛苦苦了九年,也没把大水制伏。九年之后,帝尧巡视天下,发现水患没有任何改善,就在羽山把鲧处死了。

舜继承帝位,就命已经成为夏部族首领的禹继续治理洪水。禹接受任务以后,没有贸然行事,他认真总结前辈治水的教训,寻找治水失败的原因。他首先率领伯益、后稷等一批忠实能干的助手,跋山涉水,顶风冒雨,到全国各地尤其是洪灾最严重的地区去勘察情况,他实地了解各地山川地貌,摸清洪水的流向和走势,制订统一的治水规划,在此基础上才展开大规模的治水工作。

他检讨了鲧治水失败的原因,不再用堵截的方法,而是改为疏导。他带领治水的劳工们,翻山越岭,走遍各地。他们淌河过川,拿着工具,从西向东,一路测量地形的高低,树立标杆,规划水道,然后再根据标杆修建水道。遇到高山阻挡,就靠人力把山凿开一条通路;遇到低洼的地方,就修筑起堤坝供人行走。就这样让滔滔洪水汇入江河湖泊,然后一路引向东方,最终流入浩瀚的大海。

禹为了治水,劳心劳力,不辞辛苦,也没有时间休息,到三十岁都无暇顾及自己的婚事。直到有一天,大禹率领治水大军路过涂山,遇到了美丽贤淑的涂山氏,才娶了涂山氏做妻子。但是他娶涂山氏仅仅四天之后,就又一次离开家,踏上治水的道路。此后在外十三年,没有回去过一次。

后来,他路过自己家门口,正赶上妻子生产,他听到了儿子出生后哇哇大哭的声音,虽然很想进去抱一抱儿子,看一看妻子,在家里好好休息一下,但最终还是咬着牙没有进家门,转身继续赶着治水去了。直到第三次经过家门的时候,他的儿子启正被母亲抱在怀里,母亲已经教会了他叫爸爸,他在母亲的授意下挥动着小手,和禹打招呼。禹虽然心中感动,泪水盈满眼眶,也只是向妻儿挥了挥手,表示自己看到他们了,还是没有停下来。大禹治水"三过家门而不入"如今已成为千古流传的佳话。

禹非常关心百姓的疾苦。有一次,看见一个人穷得把孩子卖了,禹就替他把孩子赎了回来。要是看见有百姓没有吃的,他就让后稷把自己仅有的粮食分给百姓。禹穿着破烂的衣服,吃着粗劣的食物,住着简陋的席篷,每天亲自手持工具,带头做最苦最脏的工作,连束发的簪子和帽子掉了也顾不得收拾。几年下来,他的腿上和胳膊上的汗毛都磨光了,手掌和脚掌结了厚厚的老茧,躯体干枯,脸庞黧黑。他们用十三年的时间开山疏河,修筑堤坝,令河川流向大海,终于治水成功,根治了水患。

洪水退去后,一块块平原显露出来,禹又带领百姓在田间修沟渠以引水灌溉,种植粟、黍、豆、麻、水稻等农作物,没有因为治理水患而影响农业生产。

由于治水成功,大禹建立了极高的威望。舜召集各氏族部落酋长开庆功大会,赐给他用黑色美玉琢磨而成的玄圭,以表彰和宣告他的丰功伟绩。百姓感念他治水的功德,称颂说:"如果没有禹,我们早就变成鱼和鳖了。"帝舜也称赞他,说他发扬了圣德。帝舜在位三十三年后,便把天子位禅让给了禹。

禹即天子位后,招揽贤能、为民谋利。他考察了九州的土地物产,规定了各地的贡品赋税,指定了各地朝贡的方便途径,并在此基础上,划定了五服界域,使得全国范围内形成了众河朝宗于大海,万方朝宗于天子的统一、安定和欣欣向荣的大好局面。

【评论】

大禹是一位具有雄才大略的政治家、伟人。百姓们称他为"大

禹",意思就是伟大的禹。大禹治水是与治国养民结合进行的,因此,他与尧、舜一起,成为中国人心中最理想的天子形象。孔子曾颂扬禹治水的功德说:我简直找不到他的一点缺点,他的宫室简陋却没有想到要改善,而是尽全力平治水土,开沟渠,发展农耕,鼓励人民从事劳动。